大衆心理 FX

精神・心理の
スペシャリストが
突き詰めた
FXトレードの結論

Trader Miwa
著

技術評論社

大衆心理と自分の心理との騙し合いでもあり、協力し合いでもあるFX。「自動で資産が増えていくシステム」を見出すには

まえがき

　私がFXにはじめて出会ってから、すでに20年くらい経ちます。それは2003年ごろのことで、日本国内のFXがスタートしてからまだ数年で、市場が徐々に拡大しているような時期でした。

　そのころの私にとって、「自動で資産が増えていくシステム」と想像できたものは、高金利通貨のポジションを多く持ってスワップポイントを稼ぐことでした。オーストラリアの「豪ドル」や南アフリカの「ランド」などと「円」の通貨ペアでロングポジションを多く持っておくと、毎日のようにスワップポイントがもらえたものです。ところが、2007年ごろに起きたサブプライムローン問題で、円建ての通貨ペアのロングポジションは強烈な円高で勝てなくなりました。

　こうして私の安易な「自動で資産が増えていくシステム」は終了したわけですが、そのあとに出会ったのがFXの自動売買です。FXの自動売買に出会ってから、ある程度は放っておいても資産が増えるようなシステムの構築に力を注ぐようになりました。

　自動売買システムの開発以前に必要だったのは、外国為替市場参加者の「大衆心理」に対峙することを通して、勝つためのトレード手法を開発することです。「自動売買」などというと「トレードをオートにしてしまえば簡単に儲かるのではないか」と考えがちですが、手動でやって勝てるトレード手法を開発して、それを自動化しているから勝てるのであって、何でも自動化すれば勝てるわけではありません。

　精神・心理のスペシャリストとして10年以上仕事をしてきた私にとってFXトレードが興味深いと思うのは、それが大衆心理と自分の心理との騙し合いでもあり協力し合いでもあることです。FXトレードをやればやるほど、「大衆心理が作り出すチャート」と「自分の心理」をよく理解する必要性に気づきます。多くのトレーダーが、その初期のころに経験することは、「買ったら下がり始める」「売ったら上がり始める」という市

場の値動きであり、まさに自分の心理が大衆心理に振り回されている瞬間です。

　FXトレードは為替市場のなかでのお金の取り合いですから、誰かが得するお金は誰かが失ったお金です。誰もが得する世界ではなく、お互いの利益を奪い合う厳しい世界です。トレーダーが大衆心理と対峙して為替市場からお金を奪い取ってくるためには、相手（為替市場、ほかのトレーダー、大衆心理）のことをよく理解し、戦略を用意して取り組む必要があります。

　私は、この本を手に取ってくれたトレーダーの皆さんに為替市場で打ち勝ってほしいと思いますし、トレーダー自身の「心理のコントロール」のためにも、自動売買というツールを最大限に活用してほしいと考えています。
　そのために必要なこととして、次の項目を実践してみることをご提案します。

◪ まずは、この本を一通り読んでみる
◪ 大衆心理に対峙するためのトレード手法を理解する
◪ トレードを自動化したEAを使ってみる（本書のダウンロード特典）
◪ 最終的には皆さん自身がトレード手法やEAを開発する

　FXに取り組む多くのトレーダーにとって、自分自身のトレード手法を開発するだけでも最初は難しいと思います。それを自動化することは、もっとハードルが高いかもしれません。
　本書は、トレード手法の開発方法やEAプログラミングのやり方などについて様々なヒントやエッセンスをちりばめてあります。大した理由もなく勢いでポジションを持ってしまい後悔したり、気分に任せた利益確定や損切りをしてしまうことは多くのトレーダーにとって身に覚えのあることでしょう。読者の皆さんが、そのような「気分に任せたトレード」から卒業し、強い自信を持ってトレードできるようになるために、この本が一助となることを願っています。

読者特典のダウンロード方法

　本書では、メタトレーダー4（MT4）という取引プラットフォームを用いた、トレード自動化の方法について解説しています。自動売買のためのプログラムは「EA（Expert Advisor）」と呼ばれており、EAをMT4にインストールして使用します。

　本書の特典として、筆者が開発して長期間にわたってリアル口座で運用しているEAを用意しました。なぜ特典として提供するに至ったかは本文に譲りますが、2018年から数年間の運用実績があるプログラムです。

　EAをMT4にインストールする方法は主にChapter 7に記載しています。EAの検証や運用を行う場合には、必ず本文全体をよく読んでから取り組むようにしてください。

　なお、本ダウンロードサービスは予告なく終了することがあります。

特典は以下のQRコードまたはURLからダウンロードできます

https://gihyo.jp/book/2023/978-4-297-13384-9/support

ダウンロードにはIDとパスワードの入力が必要です

　　ID　　　　：miwaFX
　　パスワード：EADL

　本書の特典は単にEAの実行ファイルを提供するだけのものであり、何らの収益を保証するものではありません。また、多くのブローカーのMT4口座において動作を確認済みですが、すべてのMT4口座での動作を保証するものではありません。EAをリアル口座で稼働する前には、バックテストやフォワードテストを十分に重ねて、デモ口座で運用してみるか、あるいはできるだけ少額の資金で試験運用するなど読者ご自身による検証を経てから、実際に利用するかどうかを判断してください。本読者特典の利用により万一損害等が発生した場合でも、筆者および技術評論社は一切の責任を負いませんので、あらかじめご了承の上ご利用ください。

　また本EAの著作権は筆者に属し、無断での再配布は禁止します。

CONTENTS

<table>
<tr><td>Chapter 1</td><td>FXと大衆心理</td></tr>
</table>

Chapter**6** トレードの自動化に挑戦する

Chapter7 | 自動売買プログラムの運用、検証は自分でできる

Chapter8 長期でFX口座を運用するための資金管理と心のあり方

Chapter1
FXと大衆心理

FXの舞台となる外国為替市場は、世界中の人間の心理や行動と深く関係があり、その大衆心理の総体として価格や値動きが決まってきます。通貨ペアの値動きはランダムウォークといわれる「確率的な要素」が大きいのですが、それぞれに値動きの「癖」も存在しています。それらを作り出している「大衆心理」について考えてみましょう。

1-1 FXにおける大衆心理の捉え方

投資家・トレーダーの行動は行動心理学で研究されている

　私は精神・心理の専門家として10年以上仕事を行ってきましたが、精神医学と心理学というものは、実は、結構違う分野であったりします。端的にいえば、精神医学は「精神・心理の異常である状態、病的な状態を扱う学問」であり、心理学は「心の状態、動き、反応などを追究する学問」というように扱われています。より広く、深く説明するとここではページが足りませんので詳細は述べませんが、似ているようで違う学問、ということです。ただし、精神医学と心理学は両方とも人間の心を扱う分野ですから、オーバーラップしている部分も当然存在します。

　精神・心理のうち前者のほうに詳しい私ですが、心理学についても必要に応じて学んできました。心理学の分野は幅が広く、神経心理学、行動心理学、社会心理学、臨床心理学、犯罪心理学など多岐にわたります。そのなかでも、FXや株などの投資・トレードに関係している心理学の分野として「行動心理学」があります。投資・トレードにおける行動心理学について述べた本は、たびたび出版されています。投資対象に対する投資家の心理状態と行動の様式について行動心理学で解明しようというわけです。投資やトレードでは最終的には勝つことが命題ですので、行動心理学で投資家自身の行動を省みて、投資・トレードで勝利できるように生かそう、という趣旨です。

　ただし本書は、個々のトレーダーの行動を、行動心理学を駆使して勝てるような投資行動へと変えていこう、という狙いでは書かれていません。**価格や値動きを作り出している「大衆心理」について分析し、それと向かい合い、いかに個人のトレーダーが利益を生み出していくか、ということを主題**としています。つまり、トレーダー自身の心理や行動に対して述べることは最小限にして、FXにおける通貨ペアの値動きについて大衆心理から読み取っていこうということです。その上で、トレーダー自身の行動については、最終的に「自動売買」という技術を使うことで大衆心理と対峙しつつ利益を得ていくことを解説します。

通貨ペアは、投資ではなくトレードの対象

　本書では、「投資」と「トレード」をできるだけ分けて表現します。「投資」とは、不動産や金地金、上場株式などの価値が上がる（または配当などの収益がある）であろう期待値を、その案件の内容や社会的背景などから読み取って、対象物に対してお金を出資することです。それに対して「トレード」は、対象物の価値が上がることも下がることも同様に扱い、差益を得るために取引することです。投資をする人を投資家、トレードをする人をトレーダーといいますが、広義には投資家という言葉で両方とも指す場合もあります。

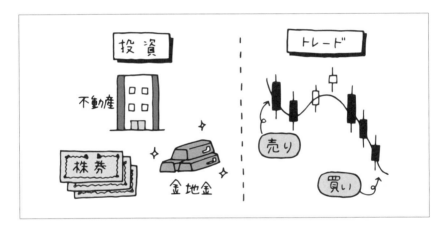

　FXはほとんどの場合、投資ではなくトレードをメインにします。「イギリスが成長し英ポンドの価値が今後上がっていきそうなので、英ポンドを保有している」といった「投資」といえるような行動をする場面は少なく、基本的には「英ポンド／円が上がる、下がる」ということで差益を得ようとしているだけです。ただし、スワップポイントを配当のように得ることを目的として、ある通貨のポジションを長期保有する人もいますが、本書では、あくまで通貨はトレードの対象としており投資する対象とはしていません。

FXと大衆心理の接点

　そもそも、FXでも株でも商品先物でも良いのですが、「価格」というものは何でしょうか？　たとえば、米ドル／円が130.56だとすれば、その時点で、

1ドルを円で買う場合の価格が130.56円だということです（ここではスプレッドは無視して、買いと売りは同じ価格であるとします）。米ドル／円の130.56は、単なる米ドルと円の比率であって単位はなくても良いのですが、その比率で米ドルが買えることから、便宜上「130.56円」と単位を付けることもあります。

　130.56円で1ドルを買ったり売ったりできるわけですが、この価格そのものが、大衆心理の総体が表現した「価格」だと仮定してみます。地域によっては通信の遅れなどで多少の差はあるものの、世界中でこの価格での取引が可能であることは、FXトレードを行っている人であれば誰でも分かる事実です。

　この仮定について明確に証明することは、実は難しいと思うのですが、価格の形成がなされる状況をイメージすると、仮定はおおむね正しいと思われます。FXなどの為替相場が形成される際には、売り手と買い手の双方が自分が取引したいと思う「価格」を提示しながら取引が進み価格が形成されます。売り手と買い手は個人だけでなく、国や政府、世界の中央銀行などの巨大な機関も参加していますし、人間とは別のコンピュータやプログラムが判断して取引している例も最近では非常に多いといわれます。

　国やプログラムが取引しているのであれば、それによって形成される「価格」というのは、大衆心理の総体といえるのだろうか、という疑問が生じそうに感じますが、それについてはよく考えれば何の疑問もありません。なぜかというと、**国や政府は大衆そのものでありますし、プログラムや流行りのAIであろうとも人間が作り出したものであることに間違いはなく、「価格」を形成する場合には、結局は大衆心理の総体を反映してしまうからです。**

　ここでもう1点、大衆心理の総体が作り出すのが「価格」であると同時に、「値動き」も大衆心理の動きそのものといえます。つまり、FXにおける大衆心理の理解とは、価格と値動きの形成を理解することだといえます。

大衆心理は学術的な言葉ではないが、総体として心理や行動を指している

　大衆心理という言葉は、学術的な言葉ではありません。学術的な言葉で有名なものとして「群衆心理」があります。では、ここでいう大衆心理と群集心理が同じような意味かというと、実はかなり違います。

　群集心理とは、多くの人間が集まった際に生じる特殊な心理および行動について述べた言葉であり、たとえば群衆のなかに存在する人は、群衆がある

一定の感情や行動に支配されている場合に同様の感情や行動に追従してしまう傾向があったりします（ほかにも様々な現象が生じます）。

　それに対して大衆心理とは、単に大衆の心理の総体であると捉えるべきで、群衆のように一箇所に集合して存在している必要もないですし、それぞれの感情や行動は、お互いに関係し合うような傾向も特にない場合が多いです。大衆心理とは、多くの人の考え方を総体として捉えたもの、ということです。似ている例としては、国会議員などの選挙において、投票行動の結果として表されるようなものに近いでしょう。投票する人は、お互いに他者の投票行動に影響されない場合もありますし、多少影響される場合もありますが、少なくとも群衆（集団）として強く影響し合うわけではありません。

　大衆心理がお互いの心理と行動に関してまったく干渉しないか、というとそういうわけではありません。たとえば、大衆心理の総体として米ドル／円の価格が130.56円である時に、そこから価格が上昇している場面があるとして、大衆心理を形成している（為替市場に参加している）トレーダーは130.56円という価格とその値動きについて認知し、その上で取引を行います。つまり、大衆心理によって決定された価格とその値動きは、さらに大衆心理に影響を及ぼす面もあるのです。

1-2 為替市場での値動きそのものが大衆心理で、チャートはその表現形

　FXで通貨の価格を形成するものは大衆心理の総体である、ということをお伝えしましたが、当然ながら値動きそのものも大衆心理が動かしているといえます。FXだけでなく株や商品先物など様々な銘柄において投資やトレードを行う場合には、その値動きは通常は価格チャートに表されます。現在最も利用されている価格チャートはローソク足チャートです。

　大衆心理の総体としての価格と値動きを、ローソク足チャートを使って観察することは、とても興味深いことです。ローソク足チャートは大衆心理を表す表現形としてとても優れており、ブローカーごとに配信レートやスプレッドの差は多少あるものの、世界中で各通貨ペアの価格と値動きの性質を一瞬にして知ることができます。

チャートとテクニカル分析は観察法

　チャート分析は昔から世界中で行われており、特にチャートを分析して為替、株、商品などの未来の値動きを予想しようとすることをテクニカル分析といいます。テクニカル分析では、ローソク足チャート以外にあらゆる種類のテクニカル指標（RSI、MACD、移動平均線、ボリンジャーバンドなど）が用いられています。

　ここで1つ重要なポイントがあります。チャートにせよテクニカル分析にせよ元となる価格と値動きは1つだけであり、同じものを様々な見え方に加工して見やすいものになっているだけということです。ある時点でたった1つの「価格」というものが大衆心理の総体として存在しており、その観察法として様々なチャートやテクニカル指標がありますが、トレーダーにとって重要なことは、今現在の「価格」と、過去から現在、未来へと続く「値動き」のみであって、多くのテクニカル指標が魔法のように未来を映し出すわけではないのです。

　テクニカル分析を行う上で、何種類ものテクニカル指標をチャートに載せまくるトレーダーがいますが、それは意味が乏しい場合があります（**図1-1**）。**テクニカル指標は魔法でも何でもなく、単に価格と値動きを見やすくしたものなので、2～3の指標に絞ったほうが適切な場合が多い**と私は考えます。

図1-1 テクニカル指標をいくつも載せているチャート

ローソク足と時間軸

　ローソク足チャートを基本的な値動きのチャートとして観察することが一般的で、私自身もそのようにしています。その際、日足、1時間足、5分足など、ローソク足1本の時間を変えてチャートをいくつか見ることが多いでしょう。

　トレーダーによっては、「5分足だろうと、1時間足だろうと、日足だろうと、結局は同じものを見ているだけなので同じように分析するだけ」という人もいますが、その点には私は明確に異論を唱えます。**FXで、ある通貨ペアを見た場合に、5分足チャートと4時間足チャートでは値動きの性質がまるで違うことがあります。**

　私自身は4時間足チャートをメインに見ることが多いのですが、もしも、どの時間足でも同じようなチャート分析で良いのなら、たとえば4時間足用に作成した自動売買のソフトウェアが5分足でも同様に利益が得られることになりますが、実際にはそうはなりません。個々の人間の心理が4時間と5分では違う動きをするように、価格を形成する大衆の心理が5分と4時間で同じように変化するわけもなく、分析するローソク足の「時間」については重要視する必要があります。

テクニカル指標の3タイプ

　テクニカル指標は、大きく分けて3つのタイプがあります。1つ目は、酒田五法などに含まれるローソク足の形に基づいたものです。2つ目は、RSI、移動平均線などに代表されるような計算式で正確に求められるものです。3つ目は、トレンドラインやフィボナッチリトレースメントのようにトレーダー自身が恣意的に決定できるものです。

　1つ目のタイプのものは、数本のローソク足の形を分析したものであり、大衆心理の動きをよく表す場合があります。たとえば「上げ三法」（**図1-2**）は上昇トレンドが発生している時に非常によく出現し「調整局面」などともいわれますが、多くのトレーダーが利益確定をしたり、また別のトレーダーが逆張りで「売り」を行っていたりする様子を、チャートとしてよく表しています。

図1-2 酒田五法の「上げ三法」

　2つ目のタイプのものは、価格と値動きから計算されて表現されているものです。たとえば、移動平均線は少し過去から現在までの終値を平均化してチャートに表現したものですし、RSIやMACDなども（計算式が複雑なのでここでは記載しませんが）価格と値動きから計算されて正確に導き出せるものです。このようなテクニカル指標は、ほとんどのFXブローカーの取引プラットフォームやチャート表示ソフトの機能で表示できますし、私が推奨するメタトレーダー4（MT4）においてもチャートに表示できます。また、**計算から導き出せるテクニカル指標については、その指標を元に自動売買のプログラムを作ることも可能で、有用性が高いといえます。**

　3つ目のタイプのものは、トレーダーが自分で線を引いたり、基準となるポイントを指し示したりする必要があるものです。このようなタイプのテクニカル指標は、トレーダーが値動きの流れの傾向を捉えるには非常に有効であったりしますが、トレーダー自身が恣意的に変化させることができるので、トレードを自動化する上では使い勝手が悪いです。

不連続なローソク足チャートに注意

　為替市場や株式市場で一般的に利用されているローソク足チャートですが、トレードする市場によって異なる点もあるので注意しておく必要があります。たとえば、株式市場は日中の数時間しか市場が開いておらず、その上、前場と後場の間でいったん取引が止まるため、ローソク足チャートは24時間のうちのほんの数時間を表現したものでしかなく、日足は連続性がありません（**図1-3**）。

図1-3 連続性のない、ある株式の日足

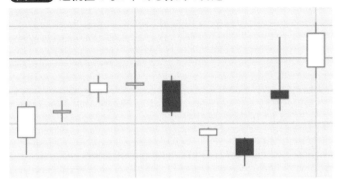

　ローソク足チャートは大衆心理の総体として価格と値動きが表現されたものではありますが、時間帯によっては表現されていない部分があるのです。その上、「チャートに表現されていない時間帯」について、そのチャート自体には明確に記載されていないことが多く、時間的に連続するように見えるチャートが、実際には非連続であることをトレーダー自身が理解しておく必要があります。チャートからトレードの手法を発想したり自動化したりする際に重要な要素となるからです。

　FXのような為替市場では、基本的には24時間ずっと取引できますから株式市場ほどにはチャートが非連続になっているわけではありませんが、一般的には、日本時間で土曜日の早朝から月曜日の早朝までは世界中のほとんどの国で為替市場が開いていないため週末にはトレードができず、ローソク足チャートも不連続になっています。また、一部のFXブローカー（店頭取引を提供している業者）では、日本時間の早朝などに数分くらいの取引停止時間が存在する場合もあります。

　このことは、逆にいえば、**週末には為替相場を形成している大衆心理が見えてこない**ということです。為替市場が開いていない週末に、世界的に大衆心理に影響するような事件が発生したりすると、月曜日に市場が再開する際に「窓」が開いたりします（**図1-4**）。また、週末以外に元日なども取引は停止してしまいます。

図1-4 週末に窓が開いたチャート（1時間足）

1-3 価格や値動きが大衆心理に影響を及ぼす

　大衆心理の総体が価格や値動きを形成している、ということに何度か言及しましたが、ここでは大事なことをお伝えします。それは、**「大衆心理を表現している価格や値動きが、それを観察している大衆の心理に影響を及ぼし、価格を変化させてしまう」**ことです。

　チャートを見ている市場参加者が、ある銘柄（FXでいえば米ドル／円などの通貨ペア）のチャートを観察し、それに対して何らかの作用する行為を行うと、その銘柄の価格が変化します。もちろん、個人トレーダーの取引金額では自分の取引が価格の変化を起こしていることは普通は実感できませんが、国の政策で為替に介入する場合などはあまりに大きな取引金額であるため、特に成行注文などであった場合は売り手と買い手の不均衡が生じ、大きく価格が変化します。

　株式市場などの為替よりもかなり小さい市場の場合には、たとえば、ある程度大きな金額の成行注文で「買い」を入れると、相対的に売り注文が処理されていきますので、実際に買えた株の価格は注文した時点での価格よりも高くなっていることが普通にあり得ます。一方で、FXのような為替取引は市場自体が非常に大きく世界中で同時に取引されているため、個人トレーダー

の取引が値動きの変化に直結はしないでしょう。

　ただし、個々のFXトレーダーの取引は小さくても、世界中で機関投資家、銀行、証券会社、大企業なども為替取引を行いますので、たとえば米ドル／円において「買い」の注文が優勢であれば、米ドルの価格は確実に上がり、それが市場参加者の目には「上昇トレンド」と映ります。上昇トレンドが発生すると、大衆心理はそれに反応し、さらに「買い」の注文が入る場合もあれば「売り」の注文が入る場合もありますが、少なくとも大衆心理を表現している価格や値動きが、市場に参加している大衆の心理に影響し、さらに値動きを生じさせます。これが循環しているのです。

　このことが何を指し示しているのかというと、いったん勢いの生じた値動きはさらに同じ方向に値動きが継続する傾向があり、いったん値動きの勢いがなくなって安定した価格は、より安定してしまう傾向が生じます。別の言い方をすれば、**トレンド相場が発生すれば、よりトレンド相場が継続する傾向があり、レンジ相場が発生すれば、よりレンジ相場が継続する傾向がある**、ということです。

　また、トレンド相場やレンジ相場の存在が大衆心理の動きそのものであるとすれば、心理学的アプローチによって過去のチャートから未来を予想できそうなものですが、次に述べるランダムウォーク理論においては、それは否定的に説明されています。

ランダムウォーク理論と大衆心理

　大衆心理の総体が価格と値動きを形成していることは、トレンド相場とレンジ相場が存在することから説明できそうに感じますし、その結果として過去のチャートから未来を予想できそうに思えてきます。しかし、ランダムウォーク理論においては、過去のチャートから未来を予想することは「不可能である」とされています。

　ここで、「トレンド相場やレンジ相場が存在する以上、ランダムウォーク理論が正しいとはいえないのではないか？」という疑問が生じますが、実のところ、ランダムに値動きが生じるように乱数を用いて作ったチャートにおいては、まさしく「トレンドやレンジが存在する」かのように見えるのです（**図1-5**、**図1-6**）。

図1-5 ランダムウォークの例1

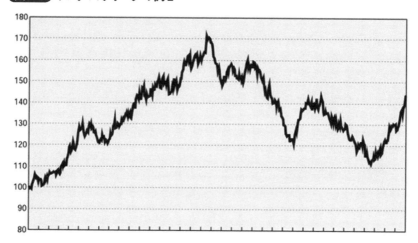

出典:『図解でわかる ランダムウォーク＆行動ファイナンス理論のすべて』(田渕直也・著　日本実業出版社)

図1-6 ランダムウォークの例2

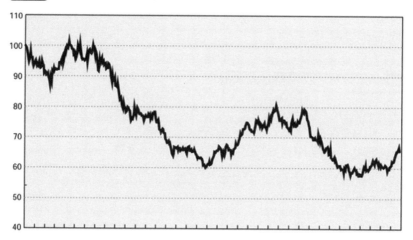

出典:『図解でわかる ランダムウォーク＆行動ファイナンス理論のすべて』(田渕直也・著　日本実業出版社)

これら2つは乱数を用いたチャートですが、実際の市場のチャートと区別がつかないくらい似通ったチャートが作り出されています。

しかし逆に、すべての市場のすべての銘柄でランダムウォークになるかというとそういうわけではないでしょう。**心理学的な「癖」や「歪み」が金融市場で生じるのであれば、過去の値動きから未来の値動きを多少なりとも予想できる要素があるともいえます。**

また、ランダムウォーク理論は、「完全に効率的な市場」であることを前提にしたもので、市場を動かす可能性のある情報は瞬く間に市場に広がることになっていますし、取引コスト（取引手数料やスプレッド）はないものとして想定されています。取引コストについては、FXの場合はかなり低いといえますが、情報の伝達については、現実的には偏在が存在しやすいですから、このような市場のモデルは現実的とはいえないのかもしれません。

多くの取引がプログラムやAIで行われていても、大衆心理が価格と値動きを形成している

人間が取引する金融市場では、大衆心理の総体が価格や値動きを形成していますが、最近ではプログラム、AI、ロボットなどが自動で取引していることが多いといわれます。

市場によっては「人間以外の取引」の割合がかなり多く、1秒間に数千回という回数の取引が行われるようなHFT（High Frequency Trading）もなされていることが分かっています。

これらの人間以外が行っている取引が及ぼす影響についても、価格や値動きを形成する大衆心理の一部として捉えて差しさわりないと考えます。

それは、2つの点からいえます。1つ目は、プログラムやAIなどは結局は人間が作ったものであるので、結果として大衆心理の一部をなしていると考えて問題ないであろうということです。2つ目は、プログラム、AI、ロボットなどが行う取引は、その銘柄の価格や値動きを情報として得て「勝てるであろう」取引をしているのであるから、それは結局、大衆心理が作り出したチャートが元になっているということです。

1-4 　トレーダーは大衆心理に逆らう必要はない

　私たち個々のトレーダーは大衆のなかの1人として取引を行っているわけですが、よく誤解されるのは、「トレードで勝つためには、ほかの大衆を出し抜く必要があるのではないか」という点です。つまり、大衆心理が作り出す価格と値動きに対して騙し合いを仕掛けて勝たないといけない、という誤解です。

　価格と値動きは、時に私たちトレーダーを翻弄します。ロングポジションを持てば、なぜかレートは下降していき、ショートポジションを持てば、なぜかレートは上昇していく……。このようなことは、ほとんどのトレーダーが経験することです。

　だからこそ、「為替市場は私を騙し翻弄し、負かしているのではないか」と考えてしまうのも理解できます。しかし、**大衆心理が形成する価格と値動きをトレーダーが理解し、値動きの大きな流れに乗ることができれば、トレーダーは市場に翻弄されることはありません。**

　そのためのトレード手法としては、トレンドフォロー（順張り）を主体として取り組むことをお勧めします。大衆心理に逆らうのではなく、大衆心理が作り出す「トレンド」に対して「フォロー（あとを追う）」する手法です。

　FXに限らず、ほとんどの金融市場において値動きは「レンジ相場」と「トレンド相場」を形成するのが一般的です（**図**1-7）。

　トレード手法（取引手法、売買ルール、トレードルールなどともいう）についても、レンジ相場を狙いにいく手法なのか、トレンド相場を狙いにいく手法なのか、またはそれ以外の手法なのか、などに大きく分類されます。私が提案する手法は主にトレンドフォローであり、トレンド相場を狙いにいくものです。

　つまり、トレンドが発生したことを何らかの条件で確認し、そのトレンドの方向にポジションを持つということです。**この手法においては、大衆心理に逆らう必要はありません。**大衆心理が上昇または下降のトレンドを形成するのに対し、私たちはそれに追従すれば良いだけです。

図1-7 レンジ相場とトレンド相場

トレンド相場

レンジ相場

1-5 大衆心理がどのようにチャートに現れるか

価格に対して「安い」「高い」と感じると、その総体が値動きを作る

　たとえば、現在の価格に対して「安い」と感じるトレーダーは、「将来的に価格が上がる」と考えるため、「買い」注文を入れてロングポジションを持ちます。それに対して、現在の価格を「高い」と感じるトレーダーは、「売り」注文を入れてショートポジションを持ちます。

　同じ価格の「買い」と「売り」は、その通貨ペアの売買取引が成立して相殺されますので、これだけでは値動きは生じません。どちらかの注文量が多い場合、たとえば「買い」の注文量が多い場合には、元々の買いたい価格より高い価格で買わないと注文が通らないことが起きます。つまり、その価格での指値注文は通らないことになり、より高い価格で買わないとロングポジションを持つことができません。

　大衆心理の総体が価格と値動きを作り出すのは、このように「安い」「高い」とトレーダーが思う結果、「買い」と「売り」のせめぎ合いが生じて、ある一定の価格で折り合うことが常に生じるからです。FXなどの為替市場は世

界中に広がっており極めて大きな市場ですから、「買い」と「売り」の注文が常に激しく相殺し合っていることになります。

　株式市場の場合には「板」を通して、「買い」と「売り」の注文が相殺されていることや、どれくらいの量の注文が入っているのかが分かるようになっていますが、FXは世界中で取引されているため、正確な「板」をトレーダーが確認することはできません。そのため、大衆心理が作り出す価格と値動きを、私たちのような一般的なトレーダーは「板」を見ずにチャートの動きのみで判断することになります。

ファンダメンタル分析ではなくテクニカル分析にこだわる理由

　大衆心理の総体が価格と値動きを作り出す以上、心理的なストレスや心理に影響を及ぼす何らかの出来事が起きた場合には、それによって相場のなかでも価格は変化します。しかし、どんな出来事が起きたら相場にどんな影響が起きるかは、起きてみないと分からないことが多いです。それが、ファンダメンタル分析をベースにFXトレードをすることの難しさだといえます。

　たとえば、ある国（ヨーロッパの小国など）で経済が破綻したとします。その国の国債に債務不履行が発生した、ということが起きたとして、米ドル／円にどう影響するか、英ポンド／円にどう影響するか、ユーロ／米ドルにどう影響するかは、アナリストなどが予想をするかもしれませんが、実際にはどのように変化するかはまったく分かりません。

　世界中のアナリストが色々と考えても、結局のところ為替相場がどうなるかは誰にも分かりません。この「ヨーロッパの小国」の通貨そのものの価値は圧倒的に下がり、ハイパーインフレーションのようなことが起きるのはそれほど難しい予想ではないと思いますが、それ以外の他国との通貨ペアがどのように変化するかは何ともいえません。大衆心理が最終的に価格と値動きを形成する際に、この経済破綻した国以外の通貨の変化について、「大衆」に含まれる多くのトレーダー、国、政府、金融機関などが「買い」を仕掛けるのか、「売り」を仕掛けるのか、それとも何もしないのか、そのような複雑なことを予想するのはほぼ不可能だということです。ファンダメンタル分析は、多くの場合、トレードをする理由として利用するには困難な手法であると考えます。

　それに対して、テクニカル分析がある程度使いやすい理由は、大衆心理が最終的に作り出す「価格」は、その時点ではおおむね1つしかないからです。ヨーロッパの為替市場で米ドル／円が130円であれば、日本の為替市場でも

ほぼ同じ130円です（もちろん、多少の誤差は存在します）。つまり、情報自体がシンプルなので、それを利用して値動きを分析することは理にかなっています。

　ただし、テクニカル分析が完璧かというと、それほど物事は単純ではありません。結果として「ランダムウォーク」を見ているだけであってチャートの動きで未来は予想できない、という説もある通り、テクニカル分析でも簡単に未来は予想できません。

　それでも私がテクニカル分析にこだわるべきだと思う理由は、大衆心理が価格と値動きを形成する上で、やはり人間の心理や行動パターンには癖があり、チャートを分析することで少しだけ現れるその「癖」を上手く拾えるならば、FXで勝てる可能性が高まるからです。もう1つの理由は、大衆心理を作り出している「大衆」はそのチャートを見て行動している、という事実です。つまり、**「大衆心理の癖」の存在と「大衆がチャートを見て取引している」という事実によって、テクニカル分析は完璧でなくとも、値動きの性質や傾向について示唆してくれる面がある**ということです。

重要な節目となる水平線

　抵抗線と支持線は水平線であり、一般的に、過去の高値や安値が元になったり、ある2つの時点において高値や安値がほぼ同じ価格になった場合に形成されることが多いです（**図1-8**）。

図1-8 抵抗線と支持線

図1-8では、左上のほうでいったんは高値を付けており、それが抵抗線を形成することになります。以後、チャートが右側に向かうにつれて抵抗線としての役割を示しながら、同様の価格の高値に何度か到達し、そのたびに反落しています。また、支持線のほうでは何度か同じ安値に到達するものの、そのたびに反発しています。

　抵抗線と支持線は水平線であり、高値と安値をチャートの右側に向かって（時間的には未来に向かって）単に伸ばした線ではありますが、典型的には図1-8のようにその線のあたりで反落や反発が見られたりします。これは、大衆心理がその高値安値を意識しているから、という可能性が高いです。また、このあとお話しするように、かなり過去の高値安値よりも、より直近の高値安値はさらに重要な抵抗線・支持線となり得ます。一方で、かなりの長期間、たとえば数年とか10年以上のなかでの高値安値も、なかなか越えられない線ということで、大衆心理に影響を及ぼすことがあります。

> ## 直近の高値と安値は重要な抵抗線と支持線になる

　直近の高値と安値は、大衆心理がチャートを形成する上で最も重要な指標の1つとなります。これは非常に単純な指標なのですが、どれだけの期間のなかで高値と安値を意識するのかは色々な考え方があります。

図1-9 破線の時点から過去を見た、4時間足30本の高値安値（A、B）と同120本の高値安値（C、D）

　たとえば、私自身は4時間足のローソク足チャートをメインに見ます。そして、4時間足30本分の高値安値と、4時間足120本分の高値安値は重要な抵抗線と支持線と捉えています（**図1-9**）。

　30本と120本を採用している点については、「4時間足30本＝5日間（土日を除いた上での1週間）」「4時間足120本＝20日間（土日を除いた上での約1カ月）」という時間的な節目に合わせているからです。

　大衆心理が各通貨ペアの価格と値動きを形成している以上、人間の心理に関連のある時間的節目は、チャートを見る上での重要な節目だと考えるべきです。24時間（1日）、5日間（1週間）、20日間（1カ月）は特に重要な節目ですから、その期間における直近の高値安値はトレードする上で重要な指標となります。

　直近の高値安値は、それぞれが抵抗線（＝レジスタンス）と支持線（＝サポート）になりやすいものです。特に**経験上、4時間足120本の高値安値は、強い抵抗線と支持線になることが多いです**。抵抗線や支持線である以上、その線の近くで反落・反発することはよく見られますし、逆にその線をしっかりと越えて上や下に行く際には分かりやすいブレイクアウトポイントとなります。

トレンドラインと抵抗線・支持線との違い

　抵抗線と支持線は、高値と安値の水平線によって形成されますが、**図1-10**のようなトレンドラインにおいても抵抗線や支持線と同様に、その付近で反落や反発することがよくあります。

図1-10 下降トレンドラインと上昇トレンドライン

ただしトレンドラインは、一定期間の高値安値による抵抗線・支持線とは、ある程度性質が違うものです。それは、高値安値による抵抗線・支持線はチャートから正確に計算によって求められますが、トレンドラインは恣意的に線を引くことが可能なものだからです。

　それでも、トレンドラインが抵抗線や支持線と同様に値動きに影響することは明らかであり、誰にでも明確に引けるトレンドラインであるほど大衆心理にとっては重要な意味合いを持ちます。トレンドラインの性質として、その線付近で反落・反発する可能性が高く、加えて、その線を越えてブレイクアウトすると大きく相場が動くことが多いです。

Miwa's MEMO

ブレイクアウト

抵抗線や支持線などによって反落・反発し、レンジ相場気味の値動きとなっている状況で、価格がそれらの線を越えることをブレイクアウトといいます。ブレイクアウトが起きると、価格が一気にその方向に突っ走る傾向が見られます。これを利用したトレード手法を「ブレイクアウト戦略」といいます。ブレイクアウト戦略は、「順張り」つまりトレンドフォローの1つの方法としてよく知られています。

大衆心理が作り出す典型的なチャートの形

　ダブルトップとダブルボトムは、大衆心理が作り出すチャートの形として非常に典型的なものです（**図1-11**）。そのチャートの形が示す意味は、「相場の転換」です。

　ダブルトップは、突出した高値のチャートが2つの山を形成することであり、そのあとに価格は低下することが多いため、上昇から下降へとトレンドが変化するサインとなります。また、左側の山より右側の山（あとにできた山）のほうが低いことが、より相場の転換のサインとしての価値があります。これは、1回目の山で高値に挑んだ値動きが、2回目では最初にできた山を越えられずに、そのあとに価格が下がってしまう様子を示しており、大衆の心理をよく表現しています。

　ダブルボトムは逆のパターンで、チャートが安値を示したあと、2回目の谷では1回目の谷よりは浅い（高い）状態となっています。これも、安値に挑んだ2回目が1回目の安値までは届かず、相場は上昇へと転換しています。

ダブルトップの出口においては、チャートが作る2つの山の麓の安値のあたりをネックラインといって、そのネックラインを下向きに抜けることでダブルトップが完成します。ネックラインは、ダブルボトムでも同様に存在します。

図1-11 ダブルトップとダブルボトム

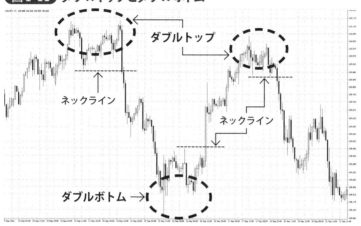

　ダブルトップ、ダブルボトムが2つの山であるのに対して、ヘッドアンドショルダーズは3つの山を形成するパターンであり、これも相場の転換点として典型的なものです（**図1-12**）。

図1-12 ヘッドアンドショルダーズ・トップとネックライン

図1-12はヘッドアンドショルダーズのなかのヘッドアンドショルダーズ・トップと呼ばれるもので、3つの山のうち中心の山が最も高くなります。1つ目と3つ目の山は、どちらが高くないとダメということはないのですが、典型的には同じ程度の高さとされています。そして、3つの山の麓の安値あたりのラインをネックラインと呼ぶのは、ダブルトップ・ダブルボトムと同様です。また、ヘッドアンドショルダーズ・トップの上下が逆になったものをヘッドアンドショルダーズ・ボトムといいます。

　ヘッドアンドショルダーズは、ダブルトップ・ダブルボトムと同様に相場の転換点として典型的なパターンで、高値を更新しようとした値動きから、それがかなわず（高値を更新できず）に下降トレンドに移行してしまう心理を示しています。多くの通貨ペアで頻回に出現するパターンで、大衆心理をよく表しているチャートだといえます。

　ダブルトップ・ダブルボトムと、このヘッドアンドショルダーズを相場の転換点として上手く捉えることができれば、トレードを行う上で良い指標になります。ただし、これらのチャートの形を形成しそうな状況で、ネックラインを越えずに逆行してしまった場合には、「ダブルトップ、ダブルボトム、ヘッドアンドショルダーズは形成されなかった」ということになります。それぞれのチャートの出口でネックラインをしっかりと越えていくことを確認することが重要になります。

　三角保ち合いも、大衆心理の総体の動きをよく表しているチャートです（**図1-13**）。

　三角保ち合いは、典型的には高値が徐々に切り下げられ安値が徐々に切り上げられている状態で、ボラティリティが少しずつ小さくなり、上昇するのか下降するのか、どちらの方向性も見えない状態になっているものです。これは、どのような時間足のチャートでも出現しますし、FXだけでなく株式市場でも非常によく見られるものです。

　高値を更新するほどの「買い」の勢いがなく、安値を更新するほどの「売り」の勢いもない状況で、チャートを見ている大衆も様子見している状況です。ところが、徐々にボラティリティが小さくなったあとに、逆にボラティリティが急激に大きくなり、急上昇や急下降が起こることが散見されます。つまり、**三角保ち合いの終わりが見えるころに、上か下に急激にチャートが伸びる場合には、順張りでポジションを持つと利益が出る可能性が高い**、ということです。

図1-13 三角保ち合い

> ## チャートはレンジとトレンドを繰り返す

　大衆心理が作り出す典型的なチャートをいくつか見てきましたが、結局のところ、相場はレンジとトレンドを繰り返す傾向が強いです。もちろん、トレンドが弱い場合にはレンジに見えることがあったり、レンジなのかトレンドなのか区別がつかなかったりする場面もあります（**図1-14**）。

図1-14 レンジ？　トレンド？

レンジを狙うトレード手法をとるにせよ、トレンドを狙うトレード手法を
とるにせよ、私たちトレーダーがレンジ相場とトレンド相場を区別しないと
いけない理由は、それぞれのトレード手法において、ロングポジションと
ショートポジションが逆になってしまうことが多いからです。

　つまり、レンジ相場とトレンド相場の両方を同時に狙うトレード手法はあ
り得ず、現在がどちらの相場なのかを判断して対応するか、または、どちら
かだけを狙う手法を使うことになります。

　ただし、トレンド相場を狙うトレード手法の場合は、トレンドが強いほど
利益が大きくなることが多く、レンジに近いような緩いトレンドの場合に
は、あまり利益が出ません。そのような相場の場合には、レンジ相場に合わ
せたトレード手法を使うほうがベターといえるでしょう。

　私自身は、トレンド相場に合わせたトレード手法を主に使っています。

Chapter2
大衆心理とトレーダーの心理

大衆心理がFXの価格と値動きを作り出すことに対し、私たち個々のトレーダーはどのような心理状態で対峙するべきなのでしょうか。為替市場で長期にわたり利益を得ていくためにはトレーダー自身の心理がどうあるべきか、また、そのための具体的な技術も含めて述べていきます。

2-1 大衆心理に対してトレーダーの心理はどうあるべきか

　FXの世界で大衆心理を理解することは、価格と値動きを理解することであり、言い換えるなら、大衆心理の表現形であるチャートを理解することともいえます。ただし、単に長い時間をかけてチャートを見れば良いというわけではありません。

　たとえば、チャートには「ノイズ」といわれる要素が含まれます。これは、チャートをテクニカル分析する際に、主だったチャートの方向性から外れたランダムな値動きを指します。ノイズは、大衆心理が導く明確な方向性が存在しても、それとは関係ないような値動きが短時間だけ起きることであり、大衆心理の「総体」が大きな値動きの流れだとすると、その流れからやや逸脱した小さな取引の結果が、小さな値動きとしてチャートに現れたものです（**図2-1**）。

図2-1 **チャートのノイズ**

　チャートのノイズをテクニカル分析の要素としてどの程度加味するかは議論の余地がありますが、ノイズの影響を小さくするためには、トレーダーが見るローソク足の時間設定を、できるだけ長いものにすると良いです。つま

り、15分足よりは1時間足が、4時間足よりは日足が、よりノイズの影響を
受けないチャートといえます。

　このように、チャートはFXの値動きの向こうにある大衆心理を見る上で
完璧なものではありませんが、FXには株式市場のような「板」がありません
ので、トレーダーはチャートに依存しなければいけない面があります（ある
FXブローカーが提供するサービスで、「板」のように見えるものがあります
が、為替市場の一部を反映したものでしかありません）。

　ではここからは、大衆心理としてのチャートの動きと、トレーダー自身の
心理を比較しながら、正しいトレーダーの行動について考えていきましょう。

我慢できずに衝動的に行動するトレーダー

　FXトレードに限らず、どのような市場でも勝つためには「我慢」が必要な
ことは何となくイメージできると思います。ここでいう我慢とは、単純にい
えば2つです。

1 ポジションを持つことを我慢すること
2 ポジションを解消する（決済する）ことを我慢すること

　この2つに加え、ロングポジションを持つのか、ショートポジションを持
つのか、ポジションサイズをどうするか、というように悩みは尽きないわけ
ですが、最大の悩みは「ポジションを持つか持たないか」です。

　たとえば、**チャートに急に大きな動きがあり、結果的にそれがノイズだっ
たとしても、我慢できないトレーダー、衝動的なトレーダーは、そのチャー
トの動きに反応してしまいます。**それが結果として大きな損失になってしま
うことは、多くのトレーダーが経験していることだと思います。ポジション
を持ってしまってから、「どうして焦ってポジションを持ったのだろう……？」
と、自分自身の衝動的な行動が自分でもよく分からなくなったりします。

　チャートの動きにあまりに敏感になり、ノイズまで拾ってしまうことは、
まさしく「チャート（大衆心理）にしてやられた」となってしまう所以で
す。我慢できないトレーダー、衝動的に行動してしまうトレーダーが長期的
に勝てないのは、このようなことが繰り返されるからです。

不安が強いトレーダー

　不安のコントロールは、投資でもトレードでもとても重要なことといえます。不安や恐怖は大抵はトレーダーの判断力を下げますので、適切なトレードに結びつきません。その上、チャートを形作る大衆心理自体も不安に対する反応が強いため、その点も鑑みる必要があります。

　大衆心理における総体的な不安や恐怖は、株式市場においては暴落などの急激な変化を形成することが多いです。不安や恐怖がユニークなのは、実際に起きた物事自体のリスクの大きさよりも、不安や恐怖をベースに感じるリスクの大きさのほうが一般的に大きくなることです。つまり、**不安を伴った時の人間の判断は、リスクをより大きなリスクとして判断してしまい、過剰反応することになります。**

　このことが株式市場における極端な暴落を起こすわけですが、問題は、FXではどの方向に動くかどうかが確定しづらいことです。たとえば、サブプライムローンショックとそれに続く金融危機においては、円は大きく買われました。逆に、米ドル、ユーロ、英ポンドなどは、円に対して大きく暴落しました。つまり、円は急騰したことになります。

　これは単に一例であって、大きな不安や恐怖が世界中で沸き起こった時に、実際に円高になるか円安になるかは何ともいえません。それでも、株式市場が暴落するのと同時に、何らかの大きな動きが出てくるのは間違いありません。その際に個々のトレーダーがわきまえておくことは、「不安や恐怖は、市場において過剰反応を起こす」ということです。

　発生するパターンは主に2つです。

1 大衆心理が過剰反応したことに市場全体が気づき、相場は一気に元に戻ってくる

2 大衆心理が過剰反応したが、事態は実際に大きく、相場が一気に同じ方向に向かって動いていく

　1 と **2** は相反する方向に向かう値動きですから、どちらに向かうかどうかはトレーダーが判断する必要があります。トレーダーは、市場の不安と同様に自分が不安になっている場合には、ポジションを急いで持つことは避ける必要があります。**不安が強いトレーダーほど、世界中の不安や恐怖に巻**

き込まれてはいけません。**常日頃の自分のトレード手法に則ってトレードをするか、それが難しければいったんトレードを止めておくのも良いと考えます。**

　私自身は、すべてのトレードを自動化することになりましたので（手法はトレンドフォロー）、世界中が不安や恐怖に苛まれても、それには動じずトレードをしています。

トレード手法が明確でないトレーダー

　世界中の投資家・トレーダーが株式、為替、商品先物などの取引を行う際に、トレード手法を明確に決めていないことは思いのほか多いです。特にファンダメンタル分析をメインにしている投資家・トレーダーは、取引を行う上での理由づけはある程度行いますが、明確な手法は決めていない場合が散見されます。

　ファンダメンタル分析では、多岐にわたる世界中の出来事に対して「理由づけ」をして取引しますが、その理由自体が曖昧な面があります。また、世界で起こるあらゆる出来事に理由づけをしようとすることは無理があります。たとえばコロナショックでは、株式市場はいったん暴落が見られたものの、為替市場での値動きはまったくの暗中模索だったはずです。コロナショックのような世界中でのパンデミックは数十年は起こっておらず、為替市場がどのように反応するのかの予測は未知数でした。

　ファンダメンタル分析をメインにする投資家・トレーダーだけではなく、テクニカル分析をメインに行うトレーダーでも、トレード手法を明確にしていない場合があります。それは、恣意的にトレンドラインを引いたり、フィボナッチリトレースメント（**図2-2**）を使ったりする場合です。

　トレンドラインやフィボナッチでテクニカル分析を行うトレーダーは、自分自身が考えた通りにそれらの補助線を引くことができますので、どこでポジションを持つのかというトレード手法を決めていても、補助線の引き方が違う人間ごとにトレードは違うものとなります。

　トレード手法が明確でないトレーダーの心理状態は、大衆心理が作り出すチャートに対して、反応が一定でないものになってしまいます。当の本人はそのように思っていなくても、ファンダメンタル分析や恣意的なテクニカル分析は、一定のトレード手法としては明確ではないのです。

図2-2 フィボナッチリトレースメント

　このことの問題点は、「負けトレードが続いた時」に分析する力が弱いことです。大衆心理は、時として予想不可能な動きをします。また、予想不可能なノイズが起きる場合もあります。そういう場合に負けトレードが連続すると、トレード手法が一定でないトレーダーは自分の手法に迷いが生じたり、過去のチャートで自分の手法の分析をしようとしても（毎回のトレードが恣意的なので）分析自体が困難で、自信を持ってトレードすることができなくなります。そうなると、トレーダーとして長期間にわたって勝ち続けることは難しいでしょう。

　大衆心理は予想できるようなものではなく、その上不安定で、チャートにはノイズも発生すれば、時に予想外に大きな値動きも起きます。私自身は、チャートと向き合うトレーダーは、一定のトレード手法を持ち、それを固く守り、淡々と長期にわたってトレードを繰り返すのが正しいと考えています。

自分の非を認めないトレーダー

　過去のチャートで自分のトレード手法を検証しないことは、長期で見たときの勝てない理由の1つとなりますが、自分のトレードの非を認めないこともさらに大きなマイナスの要素となります。これは負けトレードに限った話ではありません。自分のトレード手法に従わないなどの「良くないトレード」を行っても、そのトレードで利益が出て勝ちトレードになることもあるからです。

42

ここでいう、トレーダーの「自分の非」とは何でしょうか？　これは大きく分けて2つあります。それは、「トレード手法自体が問題であること」と、「自分が決めたトレード手法に従わないこと」の2つです。自分が決めたトレード手法に従わないというのは、実は多くのトレーダーが経験していることです。なぜか人間は、自分が決めた約束を守りませんから。ただし、ここでは前者のほうの「トレード手法自体が問題であること」に注目します。後者のほうは、トレード手法が明確でない場合と同じだからです。

　ランダムウォークとは違うであろうチャートの「癖」を見つけることは、「大衆心理が作り出すチャート」の性質を見抜く上で重要なことです。トレーダーが自身のトレードを検証して、非を見つけ、その「癖」に合わせたトレードを行うように変化していかないことには、長期で勝ち続けることは難しくなります。

　ここで問題になるのは、個々のトレードに関して、

1 自分のトレードの非を認めず、トレード手法を変更しない選択をする
2 自分のトレードの非を認めて、トレード手法を変更する

という**1**・**2**のどちらとも正しい可能性があることです。**1**のほうの選択は、一見すると「非を認めない」という良くない行為に見えますが、トレーダーが自分のトレード手法に不安を感じ、過去チャートなどで再度検証してから得た結論であれば、それはまったく問題のない選択です。また**2**のように、実際にトレードを行いながら自分のトレード手法の問題点に気づき、非を認めて、トレード手法を変更せざるを得ないことも、トレーダーにとってはままあることです。

　とても難しいことは、大衆心理は常に変化しているということです。時代とともに大衆心理は変化し、チャートという表現形になって現れます。たとえば、過去のスイスフラン／円と今のスイスフラン／円、過去の南アフリカランド／円と今の南アフリカランド／円では、値動きにかなり違うイメージがあると思います。時代とともに値動きの性質が大きく変化したり、価格帯が大きく変化したりしているからです。

　自分のトレードの非を認めないトレーダーは、そのような大衆心理の変化に対して、自分の気持ちや考え方を修正していくことができません。負けトレードが連続し自分のトレード手法に疑いを持ち、何度でも検証し直すことは、長期で勝ちたいトレーダーにとって重要なことなのです。自分のトレー

ド手法に自信があった場合でも、やはり修正していく勇気は必要です。また、検証した上で、あえて自分の非を認めない選択も、時には意味を持つ場合もあります。言葉としては矛盾した2つの行為ですが、トレーダーの心の持ちようとしては2つとも重要なことです。

プロスペクト理論から分かるトレーダーの心理

　市場の値動きとトレーダー個人の心理を研究した論文は世界中に多くありますが、行動経済学の分野で代表的なものとして「プロスペクト理論」があります。人口に膾炙しているものですので、理論そのものの説明は避けます。ここでは、トレーダーにとって重要な点を3つピックアップします。

1 人間は、含み益が生じ始めた時の利益の大きさよりも、その含み益が大きくなってからの利益の大きさのほうが相対的に小さく感じる。その結果、利益を早く確定したい傾向が出てくる

2 人間は、含み損が生じ始めた時の損失の大きさよりも、その含み損が大きくなってからの損失の大きさのほうが相対的に小さく感じる。その結果、損失の確定が遅れる傾向が出てくる

3 同じ程度の大きさの利益と損失の経験を比較すると、利益からの喜びより損失からの苦しみのほうが大きくなる傾向がある

　これらの傾向から出てくる結論は、**「人間は、利益を大きく伸ばすのが苦手で、損切りを早めに行うことも苦手である」**ということです。その結果、「損小利大」という理想とは逆に「損大利小」になってしまいます。人間本来の心理や行動がプロスペクト理論に基づく**1**〜**3**のようなものであるならば、理想的なトレードを行うためには、トレードのトレーニングを行うか、あるいはトレードを自動化することが絶対に必要になってきます。

　プロスペクト理論は、あくまでトレーダー個人の心理や行動の傾向を述べたもので、大衆の心理や行動についてのものではありませんが、大衆心理と対峙するトレーダーにとって必要知識として備えておくことは重要です。

2-2 感情のマイナスから逃れて 大衆心理に乗るために

　トレーダーにとって、大衆心理が作り出す値動きに対していかに差益を取っていくかが戦いの根本的な考え方です。この「トレード」という戦いで誤解してはいけないのは、「大衆（心理）との戦い」ではないことです。私たちトレーダーは、大衆に逆らう必要もなければ、大衆と戦う必要もないのです。

　それでは、トレードというのは誰との戦いなのでしょうか？　本質的には、トレードで利益を得る作業は、単に為替市場からお金を抜いてくることです。だとすれば、すべての市場参加者（＝大衆）との戦いということになり、大きな矛盾のようにも感じられます。

　これらのことを理解するためには、私たちトレーダーが市場にどのように参加しているのかを考えると上手くいきます。為替市場には、世界中のトレーダー、機関投資家、銀行、政府などがお金を投じます。単純に円を米ドルに換えたりするような実需の取引も、FXのような証拠金取引も、混ざって存在します。

　そのなかで、為替取引は「差益で得する」という取引か、「差益で損する」という取引しかありませんから、2つに1つの結果しかないのです。FXなら「買う」か「売る」しか選べません。つまり、私たちトレーダーは、単に「上がるか下がるか、大衆心理が向かう方向性に近いものを選ぶ」という行為をしているだけです。これが、決して大衆心理と戦っているわけではない、という理由です。**大衆心理に逆らうのではなく、より多くの大衆が向かいたい方向（上がる／下がる）に乗っかるだけなのです。**

　大衆心理と同じ方向に向かってトレードをした結果、利益を得る場合には敗者が存在し、損失を受けたトレーダーが存在しているのは間違いありません。FXはゼロサムゲームなので、誰かが得をすれば誰かが損をします。また、私たちがトレードを行う時に、すべてのトレードで利益を得るわけではありません。時には負けて、時には勝ちます。大事なのは、その結果としてトータルでは勝てるようにコントロールすることです。

　ある一定の期間の「利益／損失」を**PF（プロフィットファクター）**といいますが、私自身はPF＝1.5くらい、またはそれ以上を目処にしています。PF

が1.5というのは、ある一定の期間においてたとえば利益が150万円、損失が100万円という場合です。改めて確認すると結構負けているわけですが、それでも長期的には確率論としては勝てる可能性が十分に高いのです。

　私たちトレーダーが大衆心理と同じ方向を向いてトレードをしても、すべての取引で完璧に勝てるわけではありません。ただし、後述するように、私は取引の「エッジ（優位性）」は存在していると判断しています。大衆心理の癖を見つけ、それを「エッジ」として取り入れることで、トレーダーは長期的に勝っていくことができるという考え方をとっています。

勝つために感情を排除する

　FXトレードの相手は「大衆心理が作り出す値動き」であり、結果として為替市場からお金を抜いてくる行為だと、お伝えしました。その上で私たちトレーダーが長期的に勝つためには、「感情を排除する」ことが必要だと私は考えています。

　「心理」というのは、「意識」「思考」「感情」などを含んでいる心の全体的な状態です。「大衆の心理」が私たちトレーダーの相手であるのにもかかわらず、「トレーダーの心理」のうちから「感情」だけを排除してトレードするというのは、どういうことでしょうか。

　感情というものは、喜んだり、悲しんだり、怒ったり、恐れたりなど、トレーダー自身の気分の動きそのものともいえます。これらの感情の動きは、トレードにおいてはおおむねマイナスに働くことが多いです。

　なぜ感情の動きがマイナスに働くのでしょうか？　それは、大きく分けて2つの要素があります。1つ目は、**感情の動きによって取引にムラが発生してしまうことです。それによりトレードの再現性が低下します。**たとえば、喜びの感情が強い時には、より強気になりロット数を大きくしてしまったり、損失への恐れが強い時には、弱気になり利益確定を急いでしまったりするかもしれません。2つ目は、**感情の動きは判断力を低下させることが多いからです。感情の大きな動きは思考力を低下させ、ミスを増やします。**

　これらの2つのマイナス面は、感情によって「勝てないトレード」を導くことになります。トレーダーは、自分の過去のトレードの経験から、「感情はトレードの敵」であることを学んでいることが多いです。特に「恐れ」や「不安」の感情は、トレーダーを負けさせる大きな要因となります。

　私たちトレーダーの多くは、不安になると、自分のトレード手法のルールを守れなくなります。たとえば、ある通貨ペアでロングポジションを持って

いる時に、価格がガツンと下がり、含み損が急激に増えていき、不安とともに「これは大きな損失になりそうだ」と考えてしまい、自分のルールよりも早めに損切りしてしまったりします。その後急激に値を戻し、損切りしていなければ大きな利益を得ていたような場合は、恐れや不安によって自分の理想的なトレードのルールが守れなかった例として多くのトレーダーが経験しているはずです。

　また、大衆心理のほうから見ると、多くのトレーダーが不安を持って参加している市場では、突然の暴落や急騰が発生することがあります。個別の株式や日経平均先物などの銘柄の場合は、「恐れによる暴落」と「暴落後の急騰」というパターンはかなり多く見られますが、FXの場合はそもそも通貨ペアという「通貨と通貨の比率」を取引しているだけなので、急騰からスタートする場合もあります。大衆心理が作り出す値動きが暴落や急騰を示している場合には、そこに参加する私たちトレーダーは、大損する可能性もあれば、大儲けする可能性もあります。**一番問題になるパターンは、トレーダー自身が不安になり自分のトレードのルールを守れなかったり、市場の値動きに振り回されて大きな損失を受けたりする場合**です。つまり、恐れや不安は（時に大儲けすることはあっても）大きな損失につながることが多いものです。

　FXなどのトレードで長期的に勝つためには、感情を排除することは必須といえます。特に恐れや不安については、多くのトレーダーが経験している通りトレードを失敗に導きます。

　感情を排除するための方法は次の2つです。

1 トレード手法を決めたら、そのルールを確実に守る
2 トレード手法を決めたら自動化し、プログラムに任せる

　私自身は **2** の「自動化」派で、本書ではその手法について解説していきます。

明確な売買ルールを作ること、できるだけ自動化すること

　トレード手法のルールを守ることは、長期的に勝つために最も重要なことの1つです。実際にトレード手法を考えて、現実的にそれを利用していく場合には、それなりのハードルの高さがありますが、長期的にFXで勝っていくためには必要なことです。

トレード手法は、大きく分けると2つのタイプがあります。

1 トレーダーの目で見て（多少、恣意的に）サインを判断するもの
2 機械的にトレードのサインが発生するもの

　トレーダーがトレード手法を作り出すためには、まずは過去のチャートをよく見たり、現在の通貨ペアの値動きをよく観察したりする必要があります。その上で、どのような手法に「エッジ」が存在するのか自分で当たりをつけて、「仮」のトレード手法として決定します。その後、仮のトレード手法のバックテスト、フォワードテストを経て、実際に運用するトレード手法として採用するか不採用とするかを決定します。

　1 のように、トレーダーが自分の目で見て判断する手法は、ポジションを持つためのサイン、ポジションを解消するためのサインは、トレードする人によって多少変化してしまう可能性があります。そういう意味では再現性が低い面はあるものの、それで勝てるのであればまったくダメというわけではありません。

　たとえば、フィボナッチリトレースメントのようにトレーダーが自分の判断でローソク足チャートに線を加えるテクニカル指標を利用する方法のほか、ボリンジャーバンドのように（トレーダーが恣意的に描くのではなく）計算式で自動的に描かれるテクニカル指標で、「バンドウォーク（**図2-3**）」と呼ばれるような「見た目の形」を利用する方法などもあります。

図2-3 ボリンジャーバンドのバンドウォーク

ボリンジャーバンドのバンドウォークは、ローソク足がボリンジャーバンドの線に重なって推移する形のことで、強い値動きが発生していることを示しています。上昇のバンドウォークを「買いのサイン」と捉えてロングポジションを持つ順張りの手法もあり得ますし、逆に上昇の動きが行きすぎだと判断して「売りのサイン」と捉える逆張りの手法もあり得ます。

　どちらの場合でも、問題となるのは「これはバンドウォークかどうか？」という判断が難しい場合です。バンドウォークそのものが、人間が見て「バンドウォークである」と判断するものならば、それは常に恣意的な買いサイン・売りサインとなってしまいます。あるトレーダーは「バンドウォークである」と判断し、またあるトレーダーは「バンドウォークではない」と判断するかもしれません（**図2-4**）。

図2-4 バンドウォークと判断するのが正解か不正解か？
　　　　判断に疑問が生じるもの

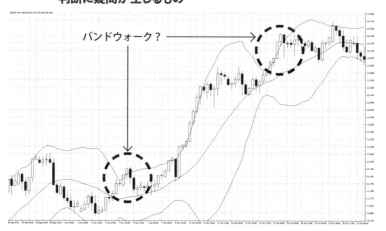

　図2-4は、図2-3と同じローソク足チャートとボリンジャーバンドです。図の中心あたりのバンドウォーク（図2-3）は誰が見ても綺麗なバンドウォークですが、図2-4のほうは、人によってはバンドウォークではないと判断するかもしれません。その結果として出てくる売買サインは、再現性に劣る面があるのは明らかです。

　それに比較して、「**2** 機械的にトレードのサインが発生するもの」は、トレーダーの恣意的な判断がまったく関与できないタイプのものです。たとえば、もしも「5本連続で、ローソク足の終値がボリンジャーバンドの＋2σの上にある時、買いのサインとする」というような機械的に発生する買いサ

インを設定するのならば、誰が取引をしても同じトレードになりますので、再現性は100％に近づきます。

トレード手法として私自身がお勧めするのは、トレーダーが自分の目で見て恣意的に売買サインを判断するものよりも、機械的に売買サインが発生するものです。再現性が高いのでトレードの検証が容易ですし、感情の影響も受けにくくなります。そして最大のメリットは、トレード自体を完全に自動化することが比較的やりやすいということです。

FXなら定量的に捉えることはできる

大衆心理が作り出す価格と値動きに対峙する私たちトレーダーが、「感情を抑え」「恣意的な判断をなくし」「できるだけ自動化する」という、トレーダー自身の心理に基づく行為と正反対の行為を行うべきというのは、矛盾のように感じるかもしれません。

私たちは大衆心理が作り出す値動きの「癖」を見つけ出し、その癖を利用して為替差益として儲けを得ようとしているわけです。この「癖」というものは、定性的である場合も当然ありますが、できるだけ定量的に検出することができれば、私たちトレーダーも定量的に反応することが可能となります。

しかし、「心理」というまさに「定性的」にしか扱えなさそうなものを「定量的」に捉えることは可能なのでしょうか？

為替市場は「価格が上がる」「価格が下がる」という2つの要素しかなく、トレーダーの行為も「買う」「売る」という2つの行為しか存在しないため、非常に単純化された領域です。変数が多い領域、または変数がどれなのか分からないような複雑な領域を私たちトレーダーが個人レベルで解析することは非常に困難ですが、大衆心理が作り出す価格と値動きは変数が少なく単純なものであるため、定量的に解析したり検証したりすることが、ある程度は可能です。

つまり、大衆心理の「癖」を、為替市場の値動きの「癖」として定量的に検出することで、一定のトレード手法を編み出して利益を得ていくことができるというわけです。

Miwa's MEMO

サインと
シグナル

FXトレードにおいて、サインとシグナルという言葉はよく使われます。この2つの言葉は、まったく同じ意味で使われる場合もありますし、多少違う意味の言葉として使われる場合もあります。

同じ意味で使われる場合には、「買いシグナル」「買いサイン」という言葉が使われますが、これらは「買いのポジションを持つタイミング」という条件になったことを示しています。また、違う意味で使う場合には、「買いサイン」という言葉は「買うべき方向性の状況である」というやや弱い信号を示しており、シグナルという言葉は「今まさに買うタイミングである」という強い信号の意味を示していることが多いです。ただし、通常はおおむね同じ意味として理解しておけば良いと思います。

2-3 トレード手法・ルールの自信を支えるのは徹底した検証

　FXトレードを長く続けていると、誰でも「自分のトレード手法」を作り出していくのが普通です。最初はどのようなトレード手法を採用すれば良いのか分からないので、様々な本を読んでみたり、WebサイトやYouTubeで情報を探してみたりと、すでにトレードで実績を出している人を参考にすることが多いと思います。

　もちろん、他者のトレードを参考にするのではなく、ファンダメンタル分析などから自分で判断するトレーダーもいると思いますが、**トレードの経験が長期になればなるほど、「信頼できるトレード手法」が必要であることを実感するのは万人共通**でしょう。そのトレード手法は、ファンダメンタル分析を用いるものであることもありますし、テクニカル分析を用いる場合もありますし、両方を併用する場合もあると思います。

　結果として、自分の考えを元にしたトレード手法や、他者のマネから修正していったトレード手法、それらを合成したものなどが、「現在の自分のトレード手法」としてまとまってくるのが通例です。ある程度、自分自身のトレード手法が決まってくると、大事になるのはその「検証」になります。

「仮」のトレード手法を検証するのも重要ですし、すでに自分のトレード手法として確立していても、トレード手法を繰り返して検証することはやはり重要となります。

　トレード手法の検証方法は、**「バックテスト」「フォワードテスト」**という2つの手法を用いるのが一般的です。バックテストは「過去の実際のチャートに基づいて、その手法でトレードしたと仮定した場合のトレードの結果」をシミュレーションするテストです。それに対してフォワードテストは「ある時点から、実際にその手法を用いて、未来に向かって実施したトレードの結果」のことです。フォワードテストは、一般的にはFXのデモ口座を利用したり、リアル口座で少額でテストしたりします。

　先に実施するのはバックテストのほうで、そのトレード手法で利益が得られたかどうかを確かめていくわけですが、バックテストには手動で行う場合と自動で行う場合があります。手動で行う場合には、「バックテスター」と呼ばれるツールを利用します。バックテスターは、過去チャートをゆっくり動かしながら、過去のある時点でポジションを持ったり決済したりしたと仮定した場合に、損益がどうなったかをテストできるものです。過去チャートをゆっくりと進めながら、ポジションを持つサインやポジションを決済するサインが出たりした時点で、実際にそのサインに合わせて取引したかのように手入力でバックテスターに記録を残していきます。ただし、これは非常に時間がかかります。バックテストはできる限り5年分以上は検証したいところですが、手動の場合は1年とか2年分のチャートを使ってテストを行うのが限界かもしれません。

　バックテストを自動で行うにはトレード手法を先に自動化（プログラムを作る）しないといけないので、その手間はかかりますが、自動ですから10年以上のテストでも簡単に実施できます。テストが終わるまで時間がかかるので、その間パソコンは動かしっぱなしになります。私は、過去チャートのデータさえ入手できれば10〜15年くらいのバックテストを自動で行っています。20年や30年のバックテストは必要ないのかと思うかもしれませんが、これは逆に期間が長すぎると判断しています。あまりに過去にさかのぼっても、その通貨ペアの値動きの性質が現在とは変わってしまっている可能性もありますので、重要視するかどうか疑問が残ります。

　バックテストを実施して、あまり良くないトレード結果にしかならないようであれば、トレード手法のパラメータなどを少し修正してバックテストを繰り返すこともあります。ところが、これを過度に繰り返すと今度は**「過剰最適化（カーブフィッティング）」**となり、あまり良くないこととされてい

ます。過去のデータに対して極端にフィットさせても未来の値動きはまった
く同じではないからです。

　バックテストで良い結果が得られるようなら、フォワードテストを行いま
す。フォワードテストは未来に向かって行うものなので、スタートするのは
「今日」以降からです。フォワードテストを開始した日から未来の取引の記
録をテスト結果として残していきます。フォワードテストで良い結果が出る
ということは、そのトレード手法での実際の運用が上手くいくことと同義で
すから、テストとしての価値は非常に大きいです。

　しかしながら、当然時間がかかります。たとえばバックテストなら1〜2
年分が数時間から数日で終わると仮定できますが、フォワードテストは実際
にまるまる1〜2年の歳月がかかってしまうわけです。そのため、バックテ
ストとフォワードテストは必要に応じて使い分ける必要があります。いくつ
かのパラメータを変更しながら過剰最適化にならない程度にバックテストを
実施し、その後、ベストと思われるトレード手法のフォワードテストを実施
していきます。もちろんフォワードテストを1つに絞る必要はないので、複
数のトレード手法のフォワードテストを同時に進めても問題ありません。

　バックテストとフォワードテストを通してから、ようやく自信を持ってそ
のトレード手法を利用できるようになります。徹底した検証を実施したト
レード手法を用いている場合には、実際のトレードで損切りが続くようなこ
とがあってもその手法を信頼して継続できますので、私の経験上では、長期
的には利益が出る可能性が高くなると思われます。

心理の統計と、
トレードの統計の話

　心理学のように「人間の心」を扱う学問においては、真実を明確に示すことはかなり難しいことです。なぜなら人の心は個々でまったく違うものであって、物事への感じ方や感情の表現などが同じことはあり得ないからです。心理学的な真実を証明するためには、多くの事象を観察し、かつデータとしてはできるだけ単純化して、そのデータを統計学的に処理する必要があります。

　本書では「大衆心理」について、チャートの値動きやローソク足の形を「大衆心理が起こした事象」として表現していますが、チャート自体が「トレーダーの心の動き」であることは統計学的に証明されたものではありません。あくまで過去の多くの経験則や文献、私自身の経験も含めて解説しているだけともいえます（「大衆心理≒チャートの値動き」であることはおおむね確かだと思われますが、実際にはその証明が難しい）。

　ところが、特定の銘柄を、特定の期間に、特定のトレードルールで取引する場合は、統計学的な処理をすることは難しくありません。それがまさにMT4で行うことができる「バックテスト」「フォワードテスト」などのデータ処理です。

　人間の心のような複雑なものを、無理に単純化した事象を利用して統計処理することと比較すれば、「価格が上がる・下がる」「何pips勝つ・負ける」というような元々単純な事象をチャートから統計処理することのほうが、はるかに分かりやすく、なおかつ理にかなっていることだと思います。

　重要なことは、「特定のトレードルール」で取引を行ったデータでないとトレード結果の再現性を確保できなくなってしまうので、統計処理をする価値がなくなってしまうということです。言い換えれば、長期的にトレードで勝つために「特定のトレードルール」に関してバックテストやフォワードテストで検証を繰り返し、「勝てるトレードルール」を見出していくということです。

Chapter3
FXとエッジ

FXで長期的に利益を積み上げていくには、エッジ（優位性）を持つトレード手法を発見することが必要です。大衆心理の総体が生み出すチャートに対して、エッジとはどのようなものなのか、どのようなエッジが存在するのかを確認していきましょう。

3-1 エッジとは、利益を生み出すための優位性が存在すること

「エッジ（edge）」というのは聞き慣れない言葉かもしれませんが、FXの世界では**「取引における優位性」**のことを指します。例を挙げると、「米ドル／円の1時間足チャートで、ローソク足50本の移動平均線が上向きの時に、RSIが70を超えたらロングポジションを持つ」のような条件で表現した時、この条件に則ってトレードをすることで長期的に勝てる場合に、「エッジがある」という言い方をします。つまり、ある条件になった時にポジションを持ち、またある条件になった時にポジションを決済するトレード手法のうち「勝てる手法」についてのみ「エッジがある」と表現します。

トレードで勝てる手法といいましたが、1回のトレードで勝つ必要があるわけではありません。言い方を変えれば「確率的に勝つ」ことができれば良いわけです。

もしも、あるトレード手法で1,000回のポジションを持つトレードを実施したとして、90万円の利益と60万円の損失が出るものとすれば、差し引き30万円の損益が残りますから、それはエッジのあるトレード手法である可能性が高いです。もしも100回のトレードで、60回が勝ちトレードで40回が負けトレードだとしても（勝率60％）、1回の平均利益が2万円で1回の平均損失が5万円だったとすれば、利益が120万円、損失が200万円なのでエッジはないものと思われます。このように、**勝率が50％以上でもエッジがない場合もありますので注意してください。**エッジが存在するかどうかを数字で評価するには、まずは「PF（プロフィットファクター）」という指標を使います。

Miwa's MEMO

PF
（プロフィットファクター）

PFは、FXをはじめ金融の分野ではよく使われる言葉です。ある一定の期間内における「総利益／総損失」を計算したもので、「PF＝1」だと利益と損失が同じことになり損益はゼロとなります。PFは大きいほうが良いのが基本ですが、かといって自動売買のバックテストのデータで「PF＝2」より大きい場合には、「過剰最適化（カーブフィッティング）」されている

可能性が大きいとされています。
私自身は、バックテストで「1.5 ＜ PF ＜ 2」となる
程度のものを開発していますが、もしも「PF = 2」
を超えるレベルのトレード手法が見つかり、かつ過剰
最適化されていないものであれば、お願いしてでも
ぜひ採用したいと思っています。それくらいPFが2
を超えるトレード手法は少ないものなのです。

エッジをテストで突き詰めていく

　PFが1より大きければ、単純にエッジがあるトレード手法といえるわけではありません。私がエッジのあるトレード手法を開発する際には、あるトレード手法について「エッジがありそうだ」と判断してから最初にバックテストを実施します。手動でバックテストする場合には数年分、自動でバックテストする際には10 〜 15年分のテストを行い、その期間において「PF = 1.5」より成績が良いことを最初の基準としています。PF = 1.4くらいの場合には、パラメータを調整することで基準にかなうこともあるので、焦らずによく検証して判断します。また、バックテストを実施する時には、スプレッドを実際のトレードよりも大きくして、より厳しく行っています。

　バックテストである程度のエッジの存在が分かれば、次はトレード手法のパラメータを調整し、適度に最適化を行います。この「適度に最適化する」ことが難しく、**あまりに最適化にこだわると「過剰最適化（カーブフィッティング）」している状況となります**。過剰最適化しないための方法として簡便で使いやすいのは、「アウトオブサンプルテスト」を利用する方法です。これは、たとえば2011年から2016年のチャートデータを用いたバックテストで最適化し、2017年から2022年のチャートデータのほうで適切なトレード手法であるかを確かめることです。その逆で、最近の期間で最適化し、より過去の期間で適切かどうかの確認も行います。

　バックテストやアウトオブサンプルテストでエッジが存在することを確認できたら、フォワードテストに移ります。フォワードテストでは、大抵はバックテストよりもPFが下がることが多いですが、1.3 〜 1.4くらいであればエッジがあるものと考えています。フォワードテストでPFが下がる理由は、バックテストで適度に最適化を行ってもやはりそれは過去のチャートであって、未来に向かって実際にトレードを行うフォワードテストの場合には最適化されるレベルは下がってしまうものだからです。

エッジのないトレードをすると、理論的にはスプレッドや手数料分だけ負ける

エッジのないトレードや、適当にポジションを持つようなトレードを繰り返すと、長期ではスプレッドや手数料の分だけ損失が大きくなっていきます。手数料のかからないブローカーやスプレッドがかなり小さいブローカーは多くありますので、1つひとつのトレードにおけるスプレッドなどのロスは小さなものですが、それでもエッジのないトレードを長期で繰り返せば大きなロスとなります。

スプレッドなどのロスがあるので、FXトレードの基本的な期待値はプラスマイナス0ではなく、ほんの少しだけマイナスとなっています。「大数の法則」に従っていけば、エッジのないトレードを繰り返すことによって少しずつ損失が増えていくことになります。

つまり、私たちトレーダーがエッジを見つけようとする際には、元の期待値としてはやや不利な状況を乗り越えて、大数の法則に則っても勝てるトレード手法を探していく必要があります。トレード回数が多ければ多いほどスプレッドの影響は大きくなりますので、1年間に100回の売買を行うトレード手法よりも1,000回の売買を行うトレード手法のほうがエッジを明確に発見するのは難しいともいえます。また逆に、トレード回数が多いほど、エッジがおそらく存在する場合には、大数の法則からはそのエッジはより確度の高いものだといえます。**私たちトレーダーは、大衆心理が作り出す値動きの「癖」を見つけ出し、その癖によって生じるエッジを探し当てる必要があります。**そのエッジは、スプレッドなどのロスを凌駕して長期間において勝てるものでなければいけません。

3-2 値動きの性質が違う銘柄ごとにエッジを探す

株式市場の場合には銘柄といえば各企業の株式ですが、FXの場合は米ドル／円とか英ポンド／円とかユーロ／米ドルとか、それら通貨ペアが銘柄となります。株式市場においては、各銘柄の値動きの性質はかなり違います。各企業が行う経済活動はそれぞれまったく別なので、値動きの性質が異なるの

は当然といえるでしょう。

　それではFXの各通貨ペアの値動きの性質は、どうなっているのでしょうか。通貨ペアは、それ自体が何らかの「モノ」ではなく、各通貨の比率を計算しただけのものですから、株式や商品先物のようなものとは違いがあります。また、各通貨ペアの取引量自体がとてつもなく大きいものですので、株式市場のようなかなり小さな市場での値動きとは違ってくると考えるべきでしょう。FXと株式市場の大きな違いの1つとして、取引時間の差があります。株式市場は、月〜金の午前（前場）と午後（後場）しか開いていないので原則としては夜間の取引はできませんが、FXの場合には日本時間の月曜日の朝から土曜日の早朝まで24時間ずっとトレードができるので、そのことが通貨ペアの値動きにも影響することになります。

3つの時間帯の確認

　FXで取引する時間帯は、東京時間、ロンドン時間、ニューヨーク時間の大きく3つに分けられます。それぞれの時間帯における金融の中心地を挙げてそのように呼んでいるだけで、為替市場がその都市にのみ存在しているわけではありません。

　それぞれ日本時間で、東京時間は8時ごろから、ロンドン時間は16時ごろから、ニューヨーク時間は21時ごろから、というようにおおむね決まっています。サマータイムの関係で少しズレる場合もあります（1時間早くなる）が、おおむねの時間帯を把握しておけば十分です。

　あくまで一般論ですが、東京時間は円との通貨ペアがよく動き、ロンドン時間はユーロや英ポンドとの通貨ペアがよく動き、ニューヨーク時間はすべての通貨ペアがよく動くといわれています。ニューヨークが本当の意味で世界の金融の中心地であろうことは、為替市場の値動きを見るとよく分かります。逆に、「東京時間は円との通貨ペアがよく動く」と書いたものの、実際にはロンドン時間やニューヨーク時間と比較すれば、値動きは小さいことが多いです。

　私が主にトレードする銘柄は英ポンド／円と米ドル／円です。この2つは円との通貨ペアなので東京時間でも多少動きます。また、英ポンド／円はロンドン時間・ニューヨーク時間とも値動きの幅は大きく、米ドル／円はニューヨーク時間に大きく動くことが多いと感じます。

エッジは通貨ペアごとの値動きのなかにある

　私がトレードする英ポンド／円と米ドル／円とでは、値動きの性質がだいぶ違います。英ポンド／円はボラティリティが大きく、トレンド相場がいったん発生すると長く続く傾向にあり、経験上は順張り（トレンドフォロー）の取引に向いています。米ドル／円は、英ポンド／円に比べるとボラティリティが小さく、抵抗線・支持線やトレンドラインで反落・反発する傾向が強いためレンジ相場になりやすく、経験上は逆張り（カウンタートレンド）の取引に向いています。

　また、ユーロ／米ドルは世界で最も取引量が多いとされており、大きな値動きは少ないものの、トレンド相場については分かりやすいといわれています。東京時間はあまり値動きがなく、ロンドン時間とニューヨーク時間に強く動く傾向があります。スプレッドが相当に狭い通貨ペアの1つで、トレードしやすいといえます。

　本書では通貨ペアごとの値動きの性質を見ていくことはしませんが、値動きの性質が違うのならば、当然エッジのあり方も違います。特に差があるのは、レンジ相場を形成しやすいのかトレンド相場を形成しやすいのかで、それが一番大きなポイントですが、それ以外のエッジについても通貨ペアごとに違ってくるものです。

　たとえば、米ドル／円の値動きの性質として、五十日（ごとおび）での特徴的な値動きがあります。一般的には、ほぼ米ドル／円だけで生じる値動きとされています（ほかの通貨ペアで詳しく調べたことはありませんが、実態としては、ほぼ米ドル／円のみのようです）。この五十日の米ドル／円の値動きに合わせたエッジが存在し、実際に私自身もそのエッジを利用してトレードしています。

　各通貨ペアはそれぞれが独自の値動きを生じさせる傾向があり、それに合わせてエッジを探す必要があります。まずはその通貨ペアの値動きを見るために、週足、日足、4時間足、1時間足、15分足、5分足などのローソク足チャートをしっかりと確認し、その通貨ペアの値動きを観察することから始めましょう。より短期間のローソク足ほどノイズと捉えられるような値動きも多いですが、一方で短期間のローソク足でエッジを見つけられるのであれば、短期間のローソク足の分、そのエッジに基づいたトレード回数を増やせる傾向があるのでメリットもあります。

　ローソク足チャートを中心に観察するのが最も良い方法ですが、ほかのテ

クニカル指標も同時にチェックしていきます。私は、ボリンジャーバンド、ストキャスティクス、CCI、MACD、RSI、RCIなどを確認することが多いです。どのテクニカル指標がエッジを確認するのに有効かは一朝一夕には身につきませんので、ローソク足チャートと同時によく観察する必要があります。

アービトラージも広義にはエッジの1つ

アービトラージは「裁定取引」という意味で、複数の取引市場で同じ銘柄が取引できる場合に、市場が異なることで生じる価格差を利用して「確実に勝てる」トレードを行うことをいいます。アービトラージは、銘柄、市場、手法によっては違法行為や（違法と合法の）グレーゾーンになる場合もありますので、それをお勧めするものではありません。「アービトラージも広義にはエッジ」と書きましたが、あくまで1つの情報と考えてください。

アービトラージの典型的な例として、市場Aでは米ドル／円が130円、市場Bでは米ドル／円が132円だった場合、市場Aで買って市場Bで売れば確実に勝てる、というものがあります。また、2つの市場での値動きの「時間差」を利用するものもあります。その場合は早くレートが動くほうの市場で値動きを見てから、遅く動くほうの市場でポジションを持つことになります。

ほかには、スワップポイントなどの金利の差を利用する場合もあります。高い金利と安い金利を組み合わせることで金利差を利益とする手法です。銀行が低い金利で資金を調達して、高い金利で貸し出すのも理論的には同じです。

オンラインによるトレードが世界中で行われるようになり、アービトラージができる状況はなかなか見つけられなくなりましたが、一方で、コンピュータを利用した自動売買によって人間のトレードではできないようなスピードでアービトラージを行うことが可能になったりもしています。ただし一般的には、市場が成熟して取引システムが長期に安定すればするほどアービトラージは難しくなる傾向があります。

成熟していない市場というと、近年では仮想通貨の取引について世界中で多くの取引所が生まれ、アービトラージが容易にできる状況が見られました。しかし、今ではアービトラージのチャンスは減りつつあるようです。

アービトラージは、合法的に行える場合には「ほぼ確実に儲かる」メリットがありますが、1回の取引における利益は小さいことが多いですし、その小さな利益もブローカー側の取引システムの変更によって不可能になったり、法的に問題があるなどグレーゾーンの場合もありますので、実際に実現する

ことはかなり困難な領域のエッジともいえます。

3-3 エッジのあるトレード手法は未来を予想しているものではない

　FXで長期にわたって勝っていくためにエッジのあるトレード手法を探します。ただし、当然すべてのトレードで勝つ必要はありません。ある程度の期間においてPF ＞ 1であれば「利益 ＞ 損失」であるわけですし、1カ月単位で勝つことができなくても、1年単位くらいでしっかりと勝っていけるエッジがあるならば、その手法を実際の運用で採用できる可能性は高いといえます。

　トレード手法の例を**図3-1**に示します。4時間足120本の高値を超えたところでロングポジションを持ち（☆印）、その後レートが上昇したところで70pipsのトレイリングストップで利益確定する（○印）という手法であるとします。この手法は検証されたものではなく、説明のために「エッジがある手法である」と仮定したものです。

図3-1 トレード手法の例（☆印でポジションを持ち○印で利益確定）

　図3-1を見ると☆印の部分でロングポジションを持ち、その後レートは上昇していますから、このトレード手法では「レートが上昇することを予想している」ように見えるかもしれません。しかし実際のところは、エッジのあるトレード手法が未来を予想しているわけではなく、ポジションを持ってか

ら損失の方向（このトレード手法ならレートが下降）に向かってしまい、損切りになってしまうこともあります。どんなトレード手法かにもよりますが、エッジがある手法、つまりPF ＞ 1だとしても50％以上の確率で負けトレードになってしまうこともあり得ます。

　そのトレード手法を長期にわたり実行した結果として、その期間において損益がプラスになる状況を「エッジがある」というわけで、レートが上昇するのか下降するのか、その未来を予想しているわけではありません。**エッジのあるトレード手法は決して「聖杯」などではなく、大数の法則に基づいて数多くのトレードを行って、はじめて損益がプラスになることもあります。**

　市場の動きや通貨ペアの値動きを予想するのはファンダメンタル分析を行う投資家やアナリストであって、私たちトレーダーは、価格と値動きが作り出すチャートの形から「ポジションを持つための条件」を読み取ってエッジのあるトレードを繰り返すことが重要です。それは、結果として大衆心理の「癖」を拾う作業であり、「価格は上昇するか、下降するか」という未来を予想するような作業ではありません。エッジのあるトレード手法に従うことはシンプルな作業の繰り返しです。

3-4 エッジが存在するかどうかを検証する

　エッジのあるトレード手法を探していく段階では、まずはチャートや値動きをよく見る必要があることを前述しました。ローソク足チャートが一番見るべき基本的なチャートですが、ほかのテクニカル指標も併用して観察することで新しいエッジを探せる場合があります。過去のチャートを見るだけではなく、その通貨ペアの値動きをリアルタイムで観察することでエッジの存在が見えてくることもあります。

　エッジがあるかどうかを見るために最も重要な指標はPFであると述べましたが、**実際にはPFだけでなく総合的に判断する必要があります。**エッジのあるトレード手法を見つけるためにはエッジの有無を判断できないといけません。実際の取引データからエッジがあるのかどうかを判断してみましょう。

トレード結果からエッジのあるなしを考える

　図3-2は、2020年8月から2021年11月までトレードした結果のデータを、MT4から「詳細レポート」という形式で抜き出したものです。手始めに、この結果を導き出したトレード手法 **1** について検証していきますが、その前に必要な語句の整理をします。

図3-2 あるトレード手法 **1** の例

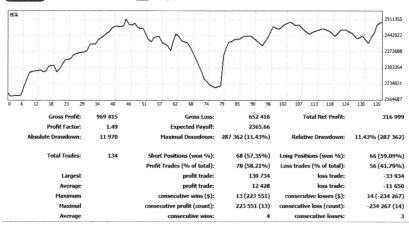

Gross Profit:	969 415	Gross Loss:	652 416	Total Net Profit:	316 999
Profit Factor:	1.49	Expected Payoff:	2365.66		
Absolute Drawdown:	11 970	Maximal Drawdown:	287 362 (11.43%)	Relative Drawdown:	11.43% (287 362)
Total Trades:	134	Short Positions (won %):	68 (57.35%)	Long Positions (won %):	66 (59.09%)
		Profit Trades (% of total):	78 (58.21%)	Loss trades (% of total):	56 (41.79%)
Largest		profit trade:	130 734	loss trade:	-33 934
Average		profit trade:	12 428	loss trade:	-11 650
Maximum		consecutive wins ($):	13 (223 551)	consecutive losses ($):	14 (-234 267)
Maximal		consecutive profit (count):	223 551 (13)	consecutive loss (count):	-234 267 (14)
Average		consecutive wins:	4	consecutive losses:	3

Gross Profit 総利益	トレードで得た利益の総額です。
Gross Loss 総損失	トレードで被った損失の総額です。
Total Net Profit 純利益	総利益から総損失を差し引いたもので、実際の利益となります。
Profit Factor プロフィットファクター （損益の比率）	「総利益／総損失」です。1を超えていれば利益が出ていることになります。
Expected Payoff 期待損益	ポジションを1回持った場合の平均の損益を求めたものです。期待値のようなものと考えると分かりやすいです。
Absolute Drawdown 絶対ドローダウン	最初の口座残高に対して、最大の損失になっている時点でのドローダウンです。あまり価値のない指標です。

Maximal Drawdown 最大ドローダウン	ある時点までの最大の口座残高に対して、最大のドローダウンがいくら（金額）だったのかを示します。ドローダウンでは最も重要な指標です。
Relative Drawdown 相対ドローダウン	ある時点までの最大の口座残高に対して、最大のドローダウンが何%だったのかを示します。
Total Trades トレード総数	ポジションを持った回数です。
Short Positions（won%） ショートポジションの回数 （勝率）	ショートポジション（売りのポジション）を持った回数とその勝率です。
Long Positions（won%） ロングポジションの回数 （勝率）	ロングポジション（買いのポジション）を持った回数とその勝率です。
（Largest）profit trade 最大利益	1つのポジションで得た最大の利益額です。
（Largest）loss trade 最大損失	1つのポジションで被った最大の損失額です。
（Average）profit trade 平均利益	勝ったポジション1つあたりの平均の利益額です。
（Average）loss trade 平均損失	負けたポジション1つあたりの平均の損失額です。
（Maximum） **consecutive wins** 最大連勝数（利益額）	最多の連勝回数と、その時に得た利益の金額です。
（Maximum） **consecutive losses** 最大連敗数（損失額）	最多の連敗回数と、その時に被った損失の金額です。
（Maximal） **consecutive profit（count）** 連勝による利益（連勝回数）	連勝した時の最大の利益額と、その時の連勝回数です。
（Maximal） **consecutive loss（count）** 連敗による損失（連敗回数）	連敗した時の最大の損失額と、その時の連敗回数です。
（Average）consecutive wins 平均連勝数	
（Average）consecutive losses 平均連敗数	

一見難しそうですが、慣れれば図3-2を少し見ただけで「良いトレード手法」なのか「良くないトレード手法」なのかをある程度は判断できるようになります。バックテストの検証を行う際も基本的に同じパラメータが出てきますので、いったん知識を身につければ後々スムーズになります。

　それでは、トレード手法 **1** の取引結果（図3-2）をあらためて見てみましょう。まずは上部にあるグラフですが、左上に「残高」と書いてあります。これは「資産推移曲線」または「資産増減曲線」などと呼ばれる図で、その名の通り資産の増減を表しており、ある時点における資産残高を時系列で示しています。この曲線のすぐ下に0〜135の数字が書いてありますが、これは、この検証期間においてポジションを持った回数です。「Total Trades」には134とありますので、実際には134回のポジションについて検証していることになります。

　まず、この134回という数字はいかがでしょうか？　「2020年8月から2021年11月」という期間についても同様ですが、決して大きくはないと思います。自動化したトレード手法を、バックテストを用いて検証するとすれば10年以上の過去チャートで検証するべきですが、今回の事例はあくまで現実にトレードした結果をベースに検証しようとしていますので、この回数とこの期間でも、ある程度はやむを得ないと割り切って考えます。

　次に、資産推移曲線の形を見ると、左から右に向かって資産は増えていますが、真ん中でいったん大きく減っています。この時がこの検証期間での最大ドローダウンになっているはずですので数字を確認すると、287,362円のドローダウンで、この時点での最大の資金に対して11.43％のドローダウンとなっています。約250万円に対して約11％のドローダウンが存在した、ということです。

　2020年8月から2021年11月までの約1年4カ月における純利益は316,999円です。資金に対する利回りは10.9％で、検証期間中の最大ドローダウンが11％なので、この2つの指標はほぼ同等となっています。

　また、この2つの指標は、ポジションの大きさを変えれば同じように増減しますが、それぞれ元々の資金（約217万円）に対しては適切に設定されているといえます。ポジションサイズについては資金管理の方法と密接に関わっていますので、ここでは詳しく触れずChapter 8で解説します。私自身の考えとしては、**利回りはできるだけ10％以上、最大ドローダウンはできるだけ元々の資金の15％以下**を基準としています。

　次に、最も重要な指標であるPF（プロフィットファクター）を見てみま

しょう。PFは、ポジションの大きさを全体で増減させても変わらない数字ですので、トレード手法の良し悪しを判断しやすい指標です。このトレード手法 **1** ではPF = 1.49であり、実際のトレードから得られた数字としては十分に良い可能性があります。私の場合、PFはバックテストでは1.5以上を目標にしますが、実際のトレードでは1.3 ～ 1.4でも悪くないと判断します。ですので、1.49というのは十分に良い数字です。

トレード手法 **1** の勝率は、ショートポジションで57.35％、ロングポジションで59.09％ですので、ショートとロングでの大きな差はありませんし、約58％弱という勝率も悪くはありません。勝率は、それがあまりに高い場合（たとえば80％以上）には、1回のトレードでの利益が非常に小さいことが多く、「損大利小」のトレードである可能性が高いので良くないのですが、「損小利大」のトレード手法でも、勝率は40％以上は必要と考えています。

1回のトレードでの最大の利益は130,734円、同様に1回のトレードでの最大の損失は33,934円、平均利益12,428円、平均損失11,650円ですので、このトレード手法は「損小利大」であろうことが予想できます。

最多の連敗回数を見ると14回となっており、それ自体はちょっと多いと感じます。私は、何回までという基準は特に設けていませんが、10回以上になってくると実際にトレードしていて圧迫を感じますので、10回以下くらいを目処にすると良いでしょう。

さて、このトレード結果を総合的に捉えて、このトレード手法 **1** にエッジは存在するのでしょうか？　また、そのほかの要素はどうでしょうか？

- PFは1.49とある程度高く、エッジが存在する可能性は高いと思われる
- 取引期間が1年4カ月と短く、取引回数が134回と少ないため、長期間のバックテストでの検証や、さらなるフォワードテストが必要と思われる
- 「損小利大」の取引となっており、勝率も含めてトレードの形式は良さそうと感じられる
- 最大ドローダウンは小さくないが、利回りとのバランスは悪くはない。ただしこれも、検証期間を延ばして確認する必要がある

つまり、このトレード結果からは、おおむねエッジのある手法であると考えられます。もう少し別の例を見てみましょう。

図3-3 あるトレード手法 2 の例

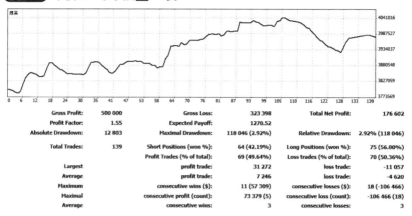

Gross Profit:	500 000	Gross Loss:	323 398	Total Net Profit:	176 602	
Profit Factor:	1.55	Expected Payoff:	1270.52			
Absolute Drawdown:	12 803	Maximal Drawdown:	118 046 (2.92%)	Relative Drawdown:	2.92% (118 046)	
Total Trades:	139	Short Positions (won %):	64 (42.19%)	Long Positions (won %):	75 (56.00%)	
		Profit Trades (% of total):	69 (49.64%)	Loss trades (% of total):	70 (50.36%)	
Largest		profit trade:	31 272	loss trade:	-11 057	
Average		profit trade:	7 246	loss trade:	-4 620	
Maximum		consecutive wins ($):	11 (57 309)	consecutive losses ($):	18 (-106 466)	
Maximal		consecutive profit (count):	73 379 (5)	consecutive loss (count):	-106 466 (18)	
Average		consecutive wins:	3	consecutive losses:	3	

　図3-3は、別のトレード手法 2 で実際に取引を行ったものです。2019年9月から2021年5月までの21カ月間で、139回ポジションを持った結果となっています。

　トレード回数は139回と、これもまた多くないですが、実際に取引を行った結果ですのでやむを得ないでしょう。一般的には、バックテストで10年以上の検証を行った上でフォワードテストを行うことが多いですが、トレード手法 2 の検証は実際に行われた取引に基づいていますので、（バックテストを行うより先に）フォワードテストを行っていることと同様ともいえます。

　フォワードテストは現実の取引そのものですから、トレード手法のエッジを検証する上で大変貴重なものです。過去チャートを元にしたバックテストも重要ですが、図3-3の記録も、とても重要な検証結果だといえます。

　資産推移曲線の形は、右端に近いほうでいったん大きめのドローダウンはあるものの、ある程度は右肩上がりに近い形です。その時のドローダウンは118,046円（＝最大ドローダウン）ですので、そのタイミングでの資金（約400万円）に比較すればほんの2.92％のドローダウンになっていますが、これはあくまで資金に比較してポジションサイズが小さいだけで、トレード手法そのものの良し悪しとはあまり関係がなく「資金管理の問題」と考えるべきです。資金管理については、前述した通りChapter 8で解説します。

　最も重要な指標であるPF（プロフィットファクター）は1.55と、まずまずの数字です。実際の取引での数字としては十分に良いと思われます。

　トレード手法 2 の勝率は、ショートポジションで42.19％、ロングポジ

ションで56％です。ショートとロングを合わせての勝率は49.64％でした。約50％の勝率はおおむね問題ありませんが、ショートポジションがやや苦手なトレード手法なのかもしれません。ただし、ショートポジションとロングポジションのトレードの詳細については、この資料だけでは分かりません。

　1回のトレードでの最大の利益は31,272円で、1回のトレードでの最大の損失は11,057円です。平均利益7,246円、平均損失4,620円ですので、トレード手法 **2** もトレード手法 **1** と同様に「損小利大」であると予想できます。

　最多の連敗回数は18回で、その時の損失が106,466円です。連敗の回数が多く、その点はマイナスです。

　トレード手法 **2** のトレード結果に基づいてエッジが存在するのか考えてみます。

- ■ PFは1.55と十分に高く、エッジが存在する可能性は高いと思われる
- ■ 取引期間は21カ月間とあまり長くなく、取引回数も139回と多くないので、長期間のバックテストでの検証や、さらなるフォワードテストが必要と思われる
- ■「損小利大」の取引となっており、この点については良いと思われる。勝率はショートポジションでやや低く、ロングポジションでは高めとなっている。ショートポジションでの成績については、さらに検証する必要がある
- ■ 1年に換算した上での利益は100,915円、最大ドローダウンは118,046円で、もしも元の資金が100万円だったとすれば、利回り約10％で、最大ドローダウンは11.8％。バランスは悪くないと思われる

　以上の通り、2つのトレード手法について実際の取引結果を検証してみました。トレード手法にエッジがあるかどうかを検証するには、100回より300回、300回より1,000回の取引回数があるほうが良いですし、1年より3年、3年より10年の検証期間があるほうが良いわけです。ただし、現実的には10年もの期間をエッジを探すために費やすわけにはいきませんので、この2つのトレード手法をさらに詳しく検証するためには、バックテストなどを用いて効率性も求める必要があります。

3-5 ファンダメンタル分析で エッジを得ることは可能か?

　一般的にトレード手法にエッジが存在するかどうかは、テクニカル分析に基づいたトレード手法を検証することが重要になるわけですが、ファンダメンタル分析に基づいたトレード手法においてもエッジを得ることは可能なのでしょうか?

　エッジが存在するかを確かめるには、一定の条件に基づいたトレードを繰り返すことで「確率的に勝てるかどうか」を見極める必要があり、そのために大事な指標がPFであると述べてきました。また、**ある程度の期間や取引回数がないと、大数の法則に基づくことができませんので、検証期間や検証回数も確認する必要があります。**

　ファンダメンタル分析に基づいたトレード手法では、テクニカル指標を用いたバックテストのように、10年以上のバックテストを行うことは不可能に近いです。そうなると、実際にトレードを行いながら検証するフォワードテストしか適用できないのでトレード回数の多い検証は難しくなります。ただし、それを加味した上での検証は不可能ではありませんから、ファンダメンタル分析を用いたトレード手法でも、エッジの存在を見つけることはできるといえます。

Miwa's MEMO

大数の法則

　「大数の法則」とは、何らかの行為や条件において一定の事象が発生する理論的な確率があるとして、その事象が現実に発生する確率を観察した場合に、行為の回数が多ければ多いほど理論的な確率に近づく、という法則です。
　たとえば、10本のうち1本を引くという棒状のクジがあるとして、2本がアタリ、8本がハズレだとします（アタリの理論上の確率が20%）。1回引くごとにそのクジを戻して、混ぜてから再度10本から引くこととします。このクジを10回引いたくらいでは実際のアタリが20%になることはほとんどありませんが、100回、1,000回、1万回と繰り返していくと、現実の事象は理論上の20%という確率に近づいていきます。

大衆を動かす3つの情報

　ファンダメンタル分析では、世界中で発表される多くの情報がその分析の源泉となります。基本的に為替相場に強く影響を及ぼす情報としては、「政策金利」「経済指標」「要人発言」の3つが重要となります。株式市場の場合には各企業の財務分析なども必須となりますが、為替市場の場合には通貨ペアをなすそれぞれの国の状況を深く知ることは困難で、「現在の通貨ペアの価格」を基準としながら3つの基本情報を得て、通貨ペアの値動きを予想することになります。

　政策金利、経済指標、要人発言の3つの情報が重要なのは、3つとも為替市場の参加者の心理に深く影響し、通貨ペアを構成する2つの通貨についてどちらを買うか、どちらを売るか、という判断を促すからです。政策金利は各々の通貨を「買う」か「売る」かの直接の理由になりますし、経済指標はその通貨を発行する国の経済的な価値を判断する上で重要になりますし、要人発言は内容によってはその国の価値を計る上での心理的な影響を為替市場参加者に及ぼします。

　要人発言がユニークなのは、その発言が抽象的だったり、あまり意味のないものだったりしても、為替市場を形成する大衆心理に対して影響してしまう場合があることです。もっとも、あまり価値のない発言に対してはノイズ程度の反応しかない場合もあります。

　そうなると為替市場においてより重要な、つまりファンダメンタル分析においてより重要な情報は政策金利と経済指標です。この2つは発表されるタイミングも決まっていますので、エッジのあるトレード手法を確立させていくための情報となる可能性があります。

ファンダメンタル分析で手法を定型化するのは難しい

　ファンダメンタル分析の要素となる3つの情報（政策金利、経済指標、要人発言）は、為替市場に参加する大衆に対して心理的に強い影響を与えます。その情報の結果、ある通貨ペアがどのように動くか予想できる可能性があります。

　実際にファンダメンタル分析をベースにした投資家・トレーダーが長期的に利益を得ている例は多くありますので、そのこと自体を否定する必要はありません。それら3つの情報やその情報を利用したファンダメンタル分析に

基づいてFXトレードのエッジを見つけられるのであれば、それを使わない手はありません。

　ただし、本書では最終的にエッジのあるトレードを自動化することを目標としています。ファンダメンタル分析に基づいたトレード手法は自動化することが困難ですので、本書では深入りしないことにします。自動化せずに手動でのトレードにこだわるトレーダーであれば、ファンダメンタル分析も取り入れることに反対するものではないとお断りしておきます。

　余談になりますが、株式市場の場合にはファンダメンタル分析自体に各企業の財務分析なども含まれており、財務分析の手法を定型化しておき、その財務分析から抽出した銘柄について自動化したトレード行うことは現実的に可能と考えられます。私はその方法についてまだ確立できていませんが、研究する価値はあると考えています。

3-6　テクニカル分析でエッジのあるトレード手法を確立する

　FXなどの為替市場においては、ファンダメンタル分析に比較してテクニカル分析のほうがエッジを発見して定型化することは容易です。**為替市場では、株式市場のように財務分析などをファンダメンタル分析として採用しづらいこと、FXでは24時間ずっと取引できることからチャートの連続性があることなど、テクニカル分析を採用しやすい要素が強い**と考えます。

　本書の目標は、大衆心理が作り出す価格と値動きから「値動きの癖」を発見し、トレード手法として定型化し、最終的に自動化することです。「値動きの癖」をローソク足チャートやテクニカル指標から少しでも抽出することができれば、過去10年以上にもわたる膨大なヒストリカルデータを利用したバックテストによって「癖」をデータとして確認することができます。また、自動化は、自分自身の心理的な弱点を消すことのほかに、多くのフォワードテストを（自分が手動でトレードしなくても）同時に行えるというメリットがあります。

　たとえば、複数のトレード手法を同時にフォワードテストで試している時に2つ以上の手法で同時にサインが出てしまうと、手動でトレードしている場合にはすべてに対応することは難しくなります。複数のフォワードテストを同時に行うことはよくあることです。バックテストにせよフォワードテス

トにせよ、私はトレード手法を完全に自動化することをお勧めします。

エッジをスピーディに探すことができる

テクニカル分析でトレード手法を確立する際に、完全にその手法を自動化するためにはテクニカル指標の使い方に注意が必要です。Chapter 1でも少し述べましたが、テクニカル分析を行う時にトレーダーの恣意的な行為が必要なものは自動化の障壁となるのです。コンピュータが自動的に計算して、ポジションを持つサイン、ポジションを決済するサインを決められるようにしないといけません。もちろん、ここでのサインは、サインに従ってトレーダーが手動でオーダーを入れるものではなく、サインに合わせたオーダーもコンピュータが自動で入れる必要があります。

テクニカル指標とトレードの自動化は、とても親和性が高いです。慣れた人は、ある複数のテクニカル指標の組み合わせなどでエッジがありそうだと感じられる際には、最初からいかに自動化するかを加味しながらトレード手法を「仮に」作ります。その上で、すぐに自動化したプログラムを作成し、バックテストを行うことでエッジがあるかどうかを探っていきます。

つまり、**エッジがあるかどうか分からないトレード手法でも、まず先に自動化してしまえば、バックテストなどによってエッジの存在がある程度分かりますので、よりスピーディにエッジの存在を調査することが可能**というわけです。

大衆心理をテクニカル指標で分析することの価値

ファンダメンタル分析を主に使うトレーダーから見ると、テクニカル分析のように一見「心理」とはまったく関係のないものが、どうして大衆心理の癖を抽出できるのかと不思議に思うかもしれません。

その状況には2つの重要な条件があります。その2つの条件が満たされて価値が出てきます。

1つ目は、実際に「大衆心理の癖」をテクニカル指標で抽出できる事実があり、それは劇的に「癖」を拾うものではないにせよ、そのテクニカル指標を使う価値があることです（当たり前といえば当たり前ですが）。

2つ目の条件は、あるテクニカル指標を多くのトレーダーが使うようになると、そのテクニカル指標で重要だと思われるタイミングにおいて、多くのトレーダーがそのタイミングを意識してトレードするようになるという事実

があることです。

　有名なところでは、長期の移動平均線を短期の移動平均線が下から上へとクロスするタイミングはゴールデンクロスと呼ばれており、多少の数字の差こそあっても多くのトレーダーが意識してロングポジションを持つタイミングです。絶好のタイミングとされている理由として、「多くの人がそこでロングポジションを持つから」という点も指摘されています。まさに「卵が先か、ニワトリが先か」というものです。

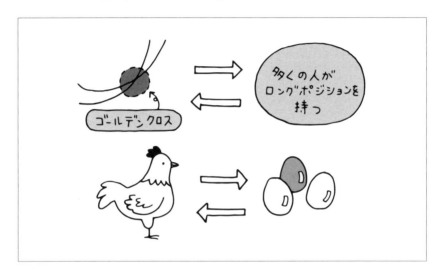

　いくつかのテクニカル指標において多かれ少なかれそのような要素があり、**大衆心理の「癖」を検出するためのテクニカル指標が、大衆心理の癖そのものを作り出してしまうというユニークな事実がある**のです。テクニカル分析を行う上で、それは重要な事実です。あまり利用されていないようなマイナーなテクニカル指標を利用すると、「大衆」がそのテクニカル指標を見ていないので、この癖が出現しないことになってしまうからです。

どのテクニカル指標を使うべきか

　テクニカル指標にはトレンド系とオシレーター系があり、それ以外に分類されるものもあります。また、酒田五法のようにローソク足そのものの並び方に関するものなどはテクニカル「指標」ではありませんが、テクニカル分析の一種となります。

　私たちトレーダーがテクニカル指標を選択する際には、多くのトレーダー

が利用しているもののほうが良いのは前述した通りです。そうなると、ある
程度は絞られます。

●トレンド系
ボリンジャーバンド、エンベロープ、一目均衡表、移動平均線、パラボ
リックなど

●オシレーター系
MACD、RSI、ストキャスティクス、RCIなど
（MACDはトレンド系に分類される場合もある）

　これらのなかでRCIはMT4の標準のテクニカル指標（インジケーター）に
含まれていませんので、カスタムインジケーターとして導入する必要があり
ます。ここでは各テクニカル指標を求める計算式や細かな性質については述
べませんが、多くのトレーダーが利用しているテクニカル指標は名前だけで
も覚えておいて損はありません。

3-7　アノマリーを利用することも検討する

「アノマリー」は一般的に、理由の説明は難しいものの値動きの傾向や癖
が生じることです。季節ごとの傾向や月ごとの傾向で見られるものが有名で
す。まったく理由が分からないもの以外に、ある程度の理由が分かっている
ものも含まれる場合があります。
　**アノマリーそれ自体に原因がほとんどなく、なおかつ大した値動きがな
かったとしても、そのアノマリーの存在が有名になることで大衆心理を動
かし、徐々に大きな値動きが生じるようになることがあります。**その意味で
は、大衆心理の癖を利用するトレーダーにとってアノマリーは無視できない
要素ともいえます。
　ここでは、エッジが得られる可能性の高いアノマリーについて、いくつか
紹介していきます。アノマリーのすべてを知っている必要はありませんが、
実際に為替市場に影響を及ぼすものや、多くの市場参加者に認知されて大衆

心理に影響を及ぼすものは知っているほうがベターです。

五十日 (ごとおび)

　毎月5日、10日、15日、20日、25日、30日のことを五十日と呼びます。これらの日は日本時間午前9時55分までに米ドル買いが多くなり、それ以後の時間はしばらく米ドル売りが多くなる傾向があります。9時55分に決定される「仲値」がその日1日使われる為替レートなのですが、五十日には、その前に実需で米ドルが買われる傾向が強くなります。つまり、五十日には午前9時55分までは米ドル／円が上昇し、そのあとは米ドル／円が下降する傾向があるといわれています。

　五十日以外に、月末（31日など）や金曜日なども、同様の傾向が見られる場合があります。

　五十日のアノマリーはそれが「発生する理由」が分かっているため、正確にはアノマリーに分類されない場合もありますが、定期的に発生し値動きの予測ができることから、FXトレードに応用できるアノマリーとして紹介されることが多いです。

　五十日のアノマリーは、自動化することが比較的簡単です。MT4に組み入れる自動売買プログラム（EA = Expert Advisor）でも五十日のエッジを利用したものがたくさんありますし、私もそのようなEAを実際の運用に使っています。

窓開けのあとの窓埋め

「窓開け」は週末の最後のレートと、週明けの最初のレートが大きく乖離して、その2つのローソク足が離れてしまい、「窓」が開いているかのようになっていることです（図3-4）。

　月曜日の早朝に窓開けが起きた場合には、そのあとに「窓が埋まる」ことが多いといわれています。図3-4でも、いったん窓が開いていますが、そのあとはすぐにほぼ窓が埋まっています。すべてのケースで窓が埋まるわけではありませんし、すぐには埋まらない場合もありますが、24時間以内に窓が埋まる可能性は80％近くともいわれています。

　1つの通貨ペアに関していえば、明確な窓開けが発生するのは1カ月に1回もない場合もありますので、窓開けと窓埋めを狙うトレード手法それだけでの運用となると厳しい面もありますが、エッジが存在するとすれば狙ってみ

たいところです。

　五十日のアノマリーと同様に月曜日の窓開けのアノマリーも広く認知されていますから、大衆心理が動かされ、窓埋めのほうにレートが動くものと考えられます。

　窓開けの定義は、ある程度シンプルに数値として表現できますし、窓埋めの方向に対してポジションを持つこともシンプルで分かりやすいトレードですので、このアノマリーも自動化しやすいものといえます。

図3-4 窓開けと窓埋め

ジブリの呪い

「ジブリの呪い」は、ジブリ映画がテレビ放映されるとその翌日（または翌営業日）に株式市場が荒れて円高になる、といった内容のアノマリーです。

　このアノマリーはまさにアノマリーの典型といえるもので、そもそもなぜこのようなことが起きるのか分かっていません。五十日のように、「原因・理由がおおむね分かっている」ためにアノマリーと言い切るには少し厳しいものと比較すると、ジブリの呪いはアノマリーらしいアノマリーといえます。

　ユニークな点としては、ジブリの呪いはウォール・ストリート・ジャーナルに掲載されたこともあり、世界中で多くのトレーダーが知ったからこそ大

衆心理に影響し、さらに明確なアノマリーとして生じてしまっている可能性があることです。

　ジブリ作品がテレビ放映される日程は放映日近くにならないと分からないのでトレードを自動化する要素としては難しいのですが、裁量でトレードしているトレーダーにとっては参考になるものかもしれません。

3-8　エッジがあれば完璧に勝てる、わけではない

　私たちトレーダーがFXにおけるエッジを探す上で、チャートに存在するエッジが簡単に浮かび上がってくることはありません。FXのエッジは、ランダムウォークのように確率論でしか表現できないものから生まれてくるのではなく、大衆心理の「癖」としてチャートに現れてくるものです。そのチャートに現れる「癖」を検出することが難しいのです。
「大衆心理の癖」は、ローソク足チャートやテクニカル指標を観察したり、アノマリーを利用して検出したり、バックテストやフォワードテストで確認するわけで、簡単とはいえません。ある意味当然ともいえますが、誰でも簡単にエッジを見つけることができるのであれば、そのエッジは消失していく可能性が高まります。つまり、**明確なエッジであるほど消失していく可能性が高く、逆に表面的には明確ではなく発見しにくいエッジであれば、それは長く存続する可能性が高い**といえます。

　同じことはアービトラージについてもいえます。利益が簡単に得られ、かつ明確に存在するアービトラージは早期に消失してしまいます。簡単には利益が得られず、なかなか見つからないようなアービトラージであれば、より長期に存続していく可能性が高くなります。

　大衆心理が作り出す価格や値動きの「癖」と、そこから導き出されるエッジの存在は、それほど強くはっきりと分かるものではなく、様々な工夫をした上ではじめて検出できるものです。私たちトレーダーが明確なエッジを見つけるためには詳細なチャートの検証が必要です。ローソク足チャートやテクニカル指標について詳しく理解した上で、いかにエッジを検出するかを考えていく必要があります。

通貨ペアでエッジは大きく変わる

　FXでエッジを探す上では、通貨ペアの選択も重要になることはすでに述べました。通貨ペアごとに取引する市場参加者は変わってきますし、実需での通貨の需要の程度も変わってきます。私たち日本のトレーダーにとってはクロス円の通貨ペアが最も親和性を感じるところですが、欧米人にとっては米ドルまたはユーロを含む通貨ペアが最も感覚的に扱いやすい通貨ペアでしょう。実際に最も多く取引されている通貨ペアはユーロ／米ドルだといわれています。

　通貨ペアごとに、まったく違ったエッジが存在する可能性があります。米ドル／円には米ドル／円の値動きの性質があり、それは米ドル／円を取引するトレーダーの大衆心理が作り出すものです。日本人トレーダーだけでなく多くの日本企業も米ドルと円の取引を行っていますから、五十日のアノマリーのようなものも含め、世界から見ると米ドル／円の特殊性もあります。その特殊性を意識することは必要で、そもそも、その特殊性はチャートの値動きに含まれているわけですから、やはりチャートをよく見ることがとても重要です。

　私自身は英ポンド／円のトレードをメインにしています。英ポンド／円は、ボラティリティが大きいことで有名です。そして、値動きが一定の方向に大きく動いた際には、その同じ方向にポジションが増えていく傾向があります。つまり、トレンドが一度発生すると、その方向へとチャートが伸びていくことになります。ユーロ／円や英ポンド／米ドルでも同様の傾向がありますが、英ポンド／円は最も顕著です。

エッジが自信を持つのに足るものかどうか

　チャートに現れる「エッジ」の存在を探すことなく、自分の勘を頼りにトレードするトレーダーも多いものです。特にファンダメンタル分析に基づくトレーダーは、「上がるか、下がるか」についての判断を、勘を組み合わせてトレードする場合も多く、「市場でこういうことが起きれば価格は上がる」などという勘を利用します。そして、値動きが上か下に動けば、「ファンダメンタルでこういうことが起きたからだ」と理由を求めます。

　前述した通り、ファンダメンタル分析を用いてエッジを見つけることも可能ですが、あるファンダメンタル情報がどのように値動きを作り出すのか、

そこが分からないうちは、そもそもやはり「勘に頼る」ことと大差ないといえます。

　テクニカル分析をしているトレーダーでも、エッジを見つける努力をせず、単に「このテクニカル指標が上がってきたら『買い』だよね」といった勘に頼るトレードをしている場合もあります。テクニカル指標を利用していることで「エッジは見えている」などと思ってしまい、移動平均線とかRSIとかMACDとか、とりあえず有名なテクニカル指標をチャートに表示し、その動きに対して何となくトレードしてしまうのです。

　こういった「勘」に頼るトレードは、調子が良いときは勝てますが、市場の値動きと自分の感覚とが合わなくなってきた時には損失が膨らむ傾向が強くなります。たしかに、エッジに基づいたトレードであっても損切りが続くことはありますし、ドローダウンが大きくなる場合もあります。その時に、**(負け取引が続いた) 同じトレード手法で淡々とトレードを続けられるかうかは、エッジの優位性そのものに対する自信が自分の心のなかにあるかどうかにかかっています。**勘に頼るトレードしかできないうちは、損切りが続けば自分の手法に自信がなくなり、長期にわたって取引を続けることはできなくなります。

右肩下がりになるタイミングは必ずある

　ある1つのトレード手法で、レンジ相場やトレンド相場そしてそれらの相場に分類できないタイプの相場も含めて、すべての市況で勝てることはまずありません。レンジ相場に合うトレード手法、トレンド相場に合うトレード手法がありますし、トレード手法と相場の市況が合わない時期には、大抵は損切りが増えて大きなドローダウンが発生したりするものです。

　図3-5は、資産推移曲線の例です。図3-5のようにポジションの損切りが多い時期が存在しても、利益確定できるポジションが多い時期にしっかりとその損失をカバーできるなら、それは十分にエッジのある良いトレード手法である可能性があります。**損切りが多くドローダウンが発生して右肩下がりになる時期はありますが、利益がしっかりと取れて右肩上がりになる時期もあり、全体としてはじわじわと右肩上がりになっています。**もしも損失が多い時期だけトレードして、そのあとすぐにトレードを中止してしまったら損失ばかり受けるはめとなってしまい、せっかくエッジのあるトレード手法と巡り会えたのに素通りで終わってしまうかもしれません。

図3-5 良い市況（点線）と悪い市況（実線）

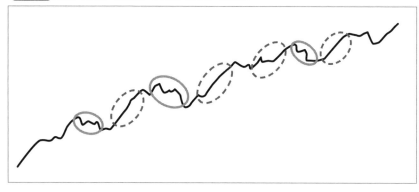

Miwa's MEMO	
トレード手法と トレードルール	トレード手法と同義の言葉として「取引手法」「売買手法」などが使われています。これらの言葉は、「そのトレードの方法について詳細に解説し、定義したもの」といった意味と考えて良いと思います。 ただし、一般的に「○○手法」という表現の場合には、たとえば「順張りでブレイクアウトを使った手法」とか「債券の金利を元にポジションを持つ手法」など、ある程度大雑把に述べる場合を含みます。 それに比べて、「○○ルール」という表現の場合には、もっと詳細で正確な、まさに「ルール」というべきものであることが普通です。たとえば「日足20本の移動平均線を、前日の日足の終値が超えている場合に、10万通貨のロングポジションを持つ」というような感じです。 Chapter 3までは「トレード手法」という言葉で説明してきましたが、Chapter 4からは「トレード手法」と「トレードルール」を区別して表現しています。

FXのトレードと、
収益不動産への投資の話

　FXとその自動売買は、私にとって重要な投資対象です。それに
加えて、収益不動産への投資も並行して行っています。これは投資
対象を分散するという目的のほか、FXと収益不動産は投資対象の
組み合わせとして非常に優位性が高いと判断しているから、という
面もあります。

　まず収益不動産の良い点は毎月の収益がかなり安定していること
で、FXの収益が不安定であることと対照的です。逆に収益不動産
の悪い点は流動性が圧倒的に低いことで、不動産を現金化するため
に売却しようとしても、大抵は2～3カ月以上の時間が必要です。
FXは資金の流動性が最高ですから、FX口座のなかにある資金は数
日後には自分の銀行口座に戻せます。

　また、収益不動産を所有していると、入居者が退去したあとのリ
フォーム費用や共用部の大規模修繕費用などで時に数百万円以上
の高額な資金が必要になることがあり、手元の余剰資金を厚くして
おく必要があります。たとえば2,000万円で購入した収益不動産を
持っているとするなら、300万円から500万円くらいの余剰資金は
持っておきたいと思うものです。つまり収益不動産は、それ自体の
流動性が低い上に、余剰資金がさらに必要になるということです。
それと比較するとFXトレードは、FX口座にある資金は証拠金とし
て必要であるものの、ポジションを解消してしまえばそこにある資
金すべてをすぐに「現金」として利用できますから、常に潤沢な資
金を「流動性が高い状態」で維持しつつ投資できます。

　また、サブプライムローン危機や、そのあとに起きた世界金融危
機の際には不動産価格が暴落しましたが、そのような時期にはFX
では長いトレンドが発生することが多く、大きな利益を得られる可
能性があります（あくまで可能性ですが）。

　以上のように、FXと不動産投資は並行して行うことが理にかなっ
ているというわけです。

Chapter4

エッジを見つけて
「自分のトレード手法」を作る

エッジのあるトレード手法・トレードルールを探す旅は、人間の大衆心理を探究する行為なのかもしれません。それは極めて長い旅かもしれませんし、あっという間に終わってしまうような簡単なものかもしれません。私は現在のトレード手法とトレードルールを確立するのに少なくとも数年の時間がかかっていますので、私にとってはそれなりに困難で長い旅でしたが、偶然も含め簡単に達成してしまうトレーダーだっているでしょう。

ここでは、エッジのあるトレード手法・トレードルールをどのように作り上げていくかを考えていきましょう。

4-1 エッジのあるトレード手法を 確立するために必要なこと

　FXのトレード手法というと、トレーダーごとに無限にオリジナルの手法があるように感じてしまいますが、実際にはそれほど多くの種類のトレード手法が存在するわけではありません。一般的には、順張りの手法、逆張りの手法、そのほかの手法、というように考えておけば十分でしょう。

　ただし「長期的には順張りだけど、短期的には逆張り」というような、順張りと逆張りが混ざっている手法もあります。これは、「押し目買い」「戻り売り」のことで、分類としては逆張りの手法の一種とされることが多いのですが、どちらともいえないタイプのものです。

　順張り・逆張り以外の手法としては、アノマリーを利用した手法などがあります。Chapter 3で取り上げた「五十日」「窓開けと窓埋め」は、アノマリーを利用した代表的なトレード手法です。

　まずは、FXにおける多くの手法は、順張りの手法、逆張りの手法の2つに分類できると考えておきましょう。ほとんどのトレード手法は、その2つに選別できると考えて差しつかえありません。そして、その2つの手法は、**順張りの手法ならトレンド相場で、逆張りの手法ならレンジ相場で、それぞれのエッジが存在する可能性が高い**です。

　また、通貨ペアによって順張りの手法が合うものと逆張りの手法が合うものがあります。例として、あくまで私自身の経験上ですが、英ポンド／円は順張りの手法と合い、米ドル／円は逆張りの手法と合うと考えています。

4つの条件

　自分のトレード手法を確立するためには、過去のチャートや現在進行中のチャートを観察し、どのようにトレードすればエッジがあるのかを、まずは正確でなくても良いのでイメージします。そのあとで、ポジションを持ったりポジションを決済するための具体的な条件を決める必要があります。それを「トレードルール」と呼びます。

1 トレードする通貨ペア
2 ポジションを持つための条件
3 資金に対するポジションのサイズ
4 ポジションを決済するための条件

　シンプルにいえば、上記の4つの条件さえ決定することができればトレードルールは完成します。しかし、そのルールが決定できたからといって実際にエッジがあるのかどうかはバックテストやフォワードテストを行わないと分かりません。また、**3** のポジションのサイズは、それ自体が資金管理の上で重要なことなのでChapter 8で詳しく述べます。

トレードルールはシンプルなほど良い

　トレードルールを決めていく場合には、シンプルであるほど良いとされています。なぜかというと、**私たちトレーダーが利用できるテクニカル指標は多く存在しますが、そのほとんどは価格と値動きから計算されて作られたものであって、どのテクニカル指標を利用しても大差ない場合が多いから**です。数多くのテクカル指標を使うことは、トレードルールにフィルタリングを強くかけるだけの効果になってしまい、結局のところはトレードルールの根本的なエッジは変わらないまま、単に多くのフィルターをかけてポジションを持たない（取引回数を減らす）ようにしているだけのことが多いからです。
　たとえば、ある順張りのトレード手法で、「移動平均線 ＋ MACD ＋ ストキャスティクス」の3つのテクニカル指標を利用したトレードルールXがあるとします。それにRSIを加えて「トレードルールX ＋ RSI」と、4つのテクニカル指標を利用したものにバージョンアップしたとしても、元々のトレードルールXが持つはずのポジションにフィルターをかけて取引回数を減らすだけになってしまう、ということです。もちろん、フィルターをさらにかけることで悪い取引（損切りになってしまうポジションなど）を減らす効果があるのであれば、それは価値があるといえますが、前述した通りテクニカル指標そのものが、同じ「価格と値動き」から計算されて表現されているだけですから、3つを4つにするからといって、エッジ自体にはそれほど大した差が生じないことが多いのです。

図4-1を見てください。1段目はローソク足と移動平均線、2段目はMACD、3段目はストキャスティクス、4段目にはRSIが表示されています。MACD、ストキャスティクス、RSIは、それぞれ別の計算式で導き出されますが、よく見るとローソク足が上がる時にはすべてのテクニカル指標はやはり上昇していますし、同様にローソク足が下がる時にはすべて下がります。ローソク足を形成している価格と値動きから計算されている「同じもの」を違った形で見ているのですから、似たようなものになってしまうのも仕方のないことなのです。

図4-1 テクニカル指標の組み合わせ

　経験からいうと、トレードルールを決定するためのテクニカル指標は、ポジションを持つために3種類程度を併用すれば十分です。ただし、ポジションを決済するために別のテクニカル指標を使う場合もありますので、ポジションを持つ時に3つ、決済する時に3つ、という程度で考えています。4つだとダメというわけではなく、できるだけ複雑にしないようにすることが大事ですから目処として3つくらいまで、という捉え方をするようにしてください。

損切りは早く、利益確定はできるだけ伸ばすべきか？

　いわゆる「損小利大」の考え方についてです。一般的に「損切りは早く行い、利益確定に関してはできるだけ利益を伸ばす」のが正しいとされていま

す。それを「損小利大」と表現して、トレード手法の考え方の1つとして扱われているのは事実です。実際に、私も損小利大のトレードを目指しています。しかし、「損小利大」の逆である「損大利小」でも、エッジがあり問題のないトレード手法は存在するはずです。

　損小利大、損大利小という2つのトレードのタイプについて定義するためには、**「リスクリワードレシオ」**が重要になります。リスクリワードレシオ（＝リスクリワード比率）は、一定の期間内における、1回のポジションでの平均の利益額と、同じく1回のポジションでの平均の損失額の比率です。「ペイオフレシオ」もまったく同じ指標です。

　PF（プロフィットファクター）と定義が似ている感じもしますが、PFのほうは一定期間の「総利益／総損失」を見ているだけで、トレード1回あたりの利益額や損失額は関係ありません。それと比べるとリスクリワードレシオは、1回あたりの平均の利益額と1回あたりの平均の損失額を見ることから、トレード手法の性質（損小利大なのか、損大利小なのかなど）を確認するのに分かりやすい指標です。

　たとえば、1回の平均利益額が20,000円、1回の平均損失額が10,000円の場合には、「20,000 ／ 10,000 ＝ 2」ですので、リスクリワードレシオが2となります。逆に、1回の平均利益額が10,000円、1回の平均損失額が20,000円であれば、「10,000 ／ 20,000 ＝ 0.5」ですので、リスクリワードレシオは0.5となります。もちろん、前者は損小利大で後者は損大利小のトレードとなります（**図4-2**）。

図4-2 リスクリワードレシオ

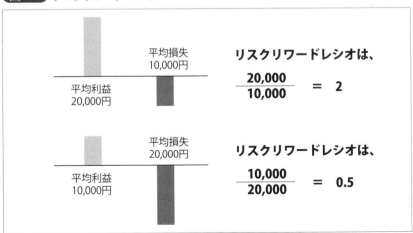

リスクリワードレシオが2であれば、勝率がもしも50％であったとしても、1回のトレードで稼ぐ利益額が、1回のトレードで被る損失額の2倍もあるのですからトータルでは勝つことができるトレード手法です。また、リスクリワードレシオが0.5のトレード手法は、たとえ勝率が60％であったとしても、長期的には必ず負けることになってしまいます。

　もし勝率が90％になるような「一見素晴らしいトレード手法」であっても、リスクリワードレシオが0.1未満になるような手法であれば、長期的には決して勝つことができませんが、リスクリワードレシオが0.2だとすれば十分に勝てるトレード手法だと考えられます。1回のトレードで得られる利益は損失に比較して小さいものの、勝率が高いために長期的には勝てるという「損大利小」タイプのトレード手法であり、そのようなトレード手法でもエッジが存在する場合はあるということです。

　損小利大でリスクリワードレシオが1より大きいトレード手法は、一般的に、順張り（＝トレンドフォロー）の手法であることが多いです。これは、損切りは一定の幅で小さく行うことが多く、逆に利益を伸ばす時にはトレンドが続く限りできるだけ伸ばすというトレード手法の性質から、結果的に損小利大になってしまうからです。

　ここで、いったんまとめます。

❶ 損小利大のトレード手法
- ◘ リスクリワードレシオ ＞ 1
- ◘ 勝率は高くなくても良い。40 〜 60％のものが多い
- ◘ 順張りで、トレンドに乗って利益を伸ばすものが多い

❷ 損大利小のトレード手法
- ◘ リスクリワードレシオ ＜ 1
- ◘ 勝率は高い必要がある。70 〜 90％が多いが、90％以上のものもある
- ◘ 順張り以外のトレード手法に多い

　あくまで一般的には、❶ のような損小利大のトレード手法が良いとされています。また、私自身が主に使っているトレード手法も❶ のタイプです。そのため本書では、基本的に❶ 損小利大のトレード手法をお勧めしますが、❷ のような損大利小のトレード手法がまったく使えないわけでないことは頭の隅に入れておいてください。

勝率が高いから良い、ではない

　先ほど勝率についても少し触れました。FXなどの為替取引に限らず株や商品先物などの取引においても、**勝率だけが重要な要素ではなく、リスクリワードレシオが高ければ勝率が低くても長期的には勝てますし、逆にリスクリワードレシオが低ければ勝率を高めないと勝てないことになります。**

　また、勝率が高いトレード手法は利益確定が早くなる傾向があります。それはある意味当然のことで、たとえば、あるトレードルールの条件が満たされてロングポジションを持ったとして、小さな利益が生じた早い時点で利益確定するのはかなり高い確率で可能であるからです。その利益確定したタイミングで、もしも「利益確定しなかった」と仮定した場合には、未来に利益を大きく伸ばせた可能性もありますし、逆に大きな損失を受けることになった可能性もあります（**図4-3**）。

図4-3 利益確定を早く行わなかった場合に生じる2つの可能性

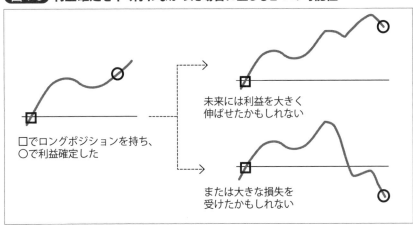

□でロングポジションを持ち、○で利益確定した

未来には利益を大きく
伸ばせたかもしれない

または大きな損失を
受けたかもしれない

　早い利益確定は、確率的には勝ちトレードを増やすことになりますが、未来に得られたかもしれない大きな利益は得られないことになります（当然、負けトレードになってしまっていた可能性もあります）。勝率の高いトレード手法は利益確定を早くするのですから、1回のトレードにおける利益の金額は小さくなり、リスクリワードレシオも小さくなりやすくなります。

　高い勝率を目指すことよりも、1回のトレードで得られる利益を伸ばそうと考える場合、図4-3の右上の「未来」のように、ロングポジションを持っ

てから大きな利益を得るのか、右下のように損切りすることになってしまうか、どちらかになるでしょう。その場合には早く利益確定をするよりは、勝率は下がる可能性が極めて高いです。勝率は下がりますが、**トレイリングストップなどで利益を伸ばす方法を組み入れたり、損切りを小さく一定にしたりすることでリスクリワードレシオを大きくする工夫をすれば、勝率が40〜60%でも長期的に勝てる可能性を高めることはできます。**

4-2 エッジのある可能性が高い、標準的なトレード手法

　FXにせよ株式投資にせよ先物取引にせよ、ほとんどすべての金融投資やトレードにおいて、私たちトレーダーが賭けるのは「上がる」か「下がる」かしかありません。トレーダーが取り組んでいる対象物はそれほど単純なものなのに、実際には長期で利益を得続けることは難しいとされています。

　世界中の人間が考えることは同じようなことであって、結局のところ、どんな対象をトレードするにあたっても、**エッジが存在するであろう手法のいくつかは、すでに「標準的なトレード手法」として認識されていることが多いです。これは、為替の価格や値動きの「癖」は、結局のところ大衆心理に支配されていることと一致します。**

　Chapter 4の最初で述べた通り、ほとんどの手法は順張りか逆張りに分けられるものです。ここでは、アノマリーを除いて標準的なトレード手法を挙げていきます。

　まず、順張りのトレード手法のなかで最も一般的な手法がブレイクアウト戦略です。どんな条件でブレイクアウトを捉えるかどうかによっていくつかの手法があります。

移動平均線のクロスによるブレイクアウト

　長期の移動平均線を短期の移動平均線が、上から下に抜けるブレイクアウト時にショートポジションを持つ手法（A）と、逆に下から上に抜けるブレイクアウト時にロングポジションを持つ手法（B）は、順張りの標準的なトレード手法として認識されています（**図4-4**）。移動平均線をローソク足が抜くというパターンもあります。

図4-4 移動平均線のクロスによるブレイクアウト

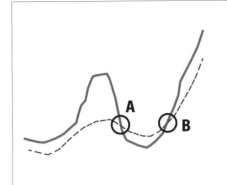

A
短期線が長期線を上から下に
クロスし、ブレイクアウト。
ショートポジションを持つ

B
短期線が長期線を下から上に
クロスし、ブレイクアウト。
ロングポジションを持つ

　チャートの時間足の設定については、特に決まりはありません。5分足、1時間足、日足など様々な時間足が使われています。また、短期線と長期線の設定についても様々な意見があります。

　つまり、色々と設定を変えながらチャートを確認し、適切な設定を探すべきということになりますが、ある程度広く使われている数字のほうが、大衆心理の「癖」が明確に出やすい可能性があります。

　たとえば、日足では短期線を5本、長期線を20本などで設定したりします。これは、日足5本で1週間、日足20本で1カ月の時間だから、というような意味合いだったりします。

　移動平均線をトレードルールのテクニカル指標として採用することは多いですが、単独で利用することは少なく、ほかのテクニカル手法と組み合わせることが基本です。

　また、利益確定あるいは損切りのポジション決済については、ポジションを持つ時の反対の条件になった際に行うことがよくあります。

トレンドラインからのブレイクアウト

　誰が描いても簡単に引けそうなトレンドラインは、一般的に抵抗線や支持線と同様に値動きに影響することが多いです。**図**4-5は、直近のローソク足の上端あたりを結んだトレンドラインが下降トレンドラインとして機能しており、そのトレンドラインを上に抜けてブレイクアウトし、ロングポジションを持つ例です。

図4-5 トレンドラインからのブレイクアウト

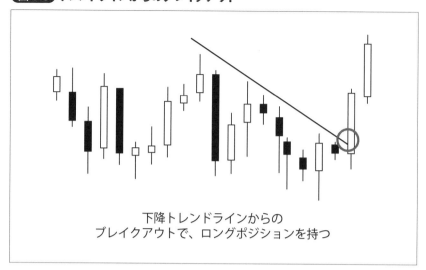

下降トレンドラインからの
ブレイクアウトで、ロングポジションを持つ

　**トレンドラインからのブレイクアウトは、見た目は非常に分かりやすいで
すが、トレンドラインを引くことはトレーダー自身でないと難しく、トレー
ドルールを定型化しづらいのが難点**です。結果として、トレードを自動化し
づらいというマイナス面があります。

　もっとも、そのマイナス面を除けばトレンドラインからのブレイクアウト
自体は極めてメジャーで、大衆心理の「癖」を検出する方法としても価値が
あり、エッジがある可能性も高いといえます。

　ポジションの決済については、トレンドができる限り伸びる可能性を鑑み
ると、トレイリングストップを利用するのが良手となるでしょう。

直近の高値安値からのブレイクアウト

　直近の高値または安値からのブレイクアウト（**図4-6**）は、トレンドライ
ンからのブレイクアウトとよく似ています。ただし高値や安値は、トレンド
ラインのように複数の点を結ぶ必要はなく、通常はローソク足10本とか30
本とか特定の時間（ローソク足なら本数）における高値と安値を基準としま
す。

図4-6 高値安値からのブレイクアウト

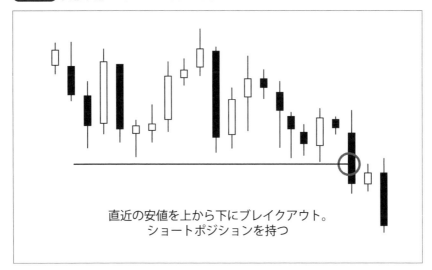

直近の安値を上から下にブレイクアウト。
ショートポジションを持つ

　直近の高値安値を判断する上で、「直近」の時間をどれくらいに設定するのかが重要な部分です。やはり、より広く使われている時間に設定するほうが大衆心理の「癖」を検出しやすいです。明確な答えはありませんが、1日、1週間、1カ月などの切りの良い時間での高値安値は、多くのトレーダーが意識する可能性が高いと考えられます。

　高値安値からのブレイクアウト手法の一番のメリットは、トレードルールを明確にしやすいことです。高値安値を判断するための時間の長ささえ設定してしまえば、その時間のなかでの高値と安値は自動で決まってくるため、誰がトレードしても同じトレードとなります。そのトレードルールを自動化することも簡単です。

　ポジションの決済については、トレンドラインからのブレイクアウトと同様に、トレイリングストップなどを利用するのが良いでしょう。

順張り手法に押し目買いや戻り売りを組み合わせたもの

　順張りの手法、つまりトレンドフォローの手法では、高値を更新する際などにロングポジション（安値の場合にはショートポジション）を持つことが多いのですが、そうなるとポジションを持つ価格がどうしても高くなりすぎて不利な価格になりがちです。それをカバーするためによく使われるトレード手法が、トレンドが発生中に押し目買い（戻り売り）する手法です（**図4-7**）。

ここで問題となるのは、上昇トレンドの最中に、どこが一番の押し目になるのかを判断するのが難しいことと、押し目だと判断したポイントが結局トレンドの転換点だったとあとから分かった場合には損切りになってしまう（それが極めて多い）ことです。

図4-7 押し目買いのポイント

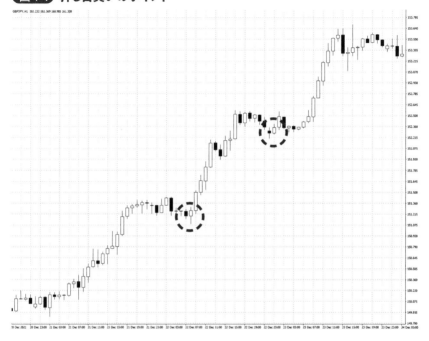

　押し目買いと戻り売りは、「長期的なトレンドの方向には順張り、短期的には逆張り」というものですので、**トレードルールを作る際に、長期的なトレンドを判定するには移動平均線などを利用するのが普通です。条件としては、移動平均線の傾きを検出するか、短期と長期の移動平均線の上下関係で検出することが多いです。**

　難しいのは、短期的な逆張りをする時に、どのタイミングでポジションを持つか、ということです。ロングポジションの場合、上昇トレンド中のある時間の長さにおいて安値を更新した際にポジションを持ったり、短期足におけるオシレーター系のテクニカル指標（RSI、ストキャスティクスなど）を利用するなどしてポジションを持ちます。

レンジやボックス内での逆張り手法

　レンジ相場・ボックス相場と呼ばれる市況での逆張りは、逆張りのトレード手法のなかでは一般的によく使われる手法です。レンジやボックスの形になっていることを何らかの条件で判断する必要があり、一番簡単なのはローソク足チャートを見ることです（**図4-8**）。

図4-8 **レンジ相場・ボックス相場**（4時間足チャート）

　レンジやボックスと考えられる市況は、5分足や15分足で判断するよりも、4時間足や日足などのやや長い時間足で見ていくほうが良いです。図4-8を見ると明らかですが、レンジになっている部分の高値が抵抗線、安値が支持線として働いており、それらのラインの間で小さな上昇トレンドと下降トレンドを繰り返しています。大きなレンジ相場のなかには小さなトレンド相場が含まれていますので、その相場の流れを把握しながら逆張りでポジションを持ちます。1時間足より短い時間足では、値動きの流れがはっきりと見えてこないことが多いです。

　また、こうしたレンジ相場・ボックス相場のなかでは、「リピート系」のトレード手法を使うトレーダーも最近では多いようです。リピート系のトレード手法は、様々な名称でいくつかのFXブローカーで採用されていますので興味のある方は試してみるのも良いかもしれません。ただし、リピート系は一種のナンピンに近いもので、私自身はお勧めしません。

平均への回帰を利用した逆張り手法

「平均への回帰」というのは少し難しい言葉ですが、チャートが示す為替相場の値動きは、移動平均線のようにその時点での平均を示したものに対して戻ってくるように動くことを指しています。大衆心理から見れば当然のことで、平均（線）より割安に感じられれば買われますし、割高に感じられれば売られます。

そのことを利用して、移動平均線からある程度離れた際に逆張りする手法です。最も広く使われているのはボリンジャーバンドを利用するもので、ボリンジャーバンドの2σや3σのラインを価格が越えた場合に（または越えてから戻る時に）逆張りでポジションを持ちます。

ボリンジャーバンド以外にエンベロープを使う手法もあります。エンベロープというテクニカル指標は、移動平均線をそのまま並行して上下に移動した線で、その線を基準に移動平均線からどの程度離れたかを判断します。その線を越えた時や、越えてから戻る時に逆張りでポジションを持つトレードルールになります。

ボリンジャーバンドやエンベロープを利用するだけでは長期のトレンドとは逆の向きにポジションを持ってしまうなど、エッジがあまりないトレードになってしまうこともありますので、ポジションを持つ時の長期的なトレンドの向きなどは別のテクニカル指標で補うのが普通です。ただしその場合には、「長期的にはトレンド方向で順張り、短期的には逆張り」ということになりますので、前述した押し目買い、戻り売りの順張りトレード手法と同様になってしまいます。これは特に悩むべきことではなくて、**異なったアプローチから考えるトレード手法であっても「エッジを見つけて利益を得る」という目標が同じである以上、最終的には似てきてしまう実態があります。**

平均への回帰を利用する場合には、一般的に、5分足、15分足などの短期のローソク足チャートを見てトレードすることが多いです（もちろんトレンド方向の確認などのためには、もっと長期の足も併用します）。これは、平均に戻ろうとする動きは短時間のほうがより予測しやすいからです。平均への回帰は大衆心理とも矛盾がありませんので、特に、より短期のトレードにおいてエッジを見つけることは可能と考えられます。

オシレーター系のテクニカル指標を利用した逆張り手法

　オシレーター系のテクニカル指標としては、MACD、RSI、ストキャスティクス、RCI、CCI（Commodity Channel Index）などがあります。オシレーター系のテクニカル指標は、結局のところすべて同じ「価格と値動き」から計算して作り出されたものなので、多くのものを併用する価値はほとんどなく、単にトレードルールが複雑になってしまうだけです。**オシレーター系のテクニカル指標をトレードルールに組み入れる場合には、できる限り1種類だけを採用する、あるいは最大でも2種類までにすることをお勧めします。**

　ところで、オシレーター系のテクニカル指標は、複数の時間足のチャートで見ることで、その通貨ペアの値動きがとても分かりやすくなることはよくあります。**図4-9**は、左から米ドル／円の5分足、1時間足、日足のローソク足チャートを並べて、それぞれ同じ時間足におけるRSIを下に載せています。このようなチャートの見方は、現在の市況を異なる時間軸の複数のチャートで分析する手法で、**「マルチタイムフレーム分析」**とも呼ばれます。

図4-9 **3つの時間足におけるRSI**（左から5分足、1時間足、日足）

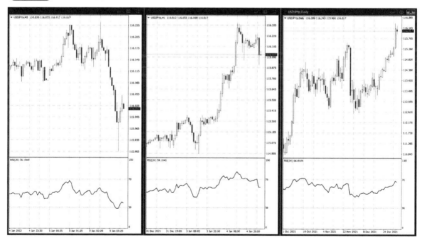

　一番右の日足チャートを見ると上昇トレンドとなっており、RSIも右肩上がりになっています。真ん中の1時間足チャートを見ると、上昇していた値動きがいったん落ち着き踊り場となっています。RSIも頂点から下がってきており、買われすぎだった状況から「売り」が徐々に進んでいるように変化

しています。一番左の5分足チャートでは、下ヒゲを伴って安値を付け、そのあとに上昇するような気配があります。RSIも、売られすぎの状況から上昇に転じているところのようです。

　オシレーター系のテクニカル指標は「買われすぎ」「売られすぎ」の状況を把握しやすいため、逆張りのトレードルールを作る際に使いやすい指標となりますが、マルチタイムフレーム分析を行う時に用いることで、値動きの大きな流れを把握することにも利用できます。そのあたりも鑑みながらトレードルールに組み入れていくと良いでしょう。

4-3　エッジを見つけて マイトレードルールを作る必要性

　長期的にFXで利益を積み上げていくために、エッジを見つけることの意義を繰り返しお伝えしてきました。その上で、できる限り「マイトレードルール」つまりトレーダー自身のトレードルールを開発することが最も重要なこととなります。

　その理由は、**トレードルールにトレーダー自身の性格や考え方との親和性がないと、ルールに則ってトレードすることが苦になってしまうことが多い**からです。

　インターネットで検索したり、FXに関するノウハウ本や教材を見れば、自分でトレード手法やトレードルールをゼロから考案しなくても、すぐに無数の手法やルールが見つかります。トレード手法としては、順張り、逆張り、その中間的なものやアノマリーを利用したものがほとんどですから、結局のところ、重要なポイントは「トレードルールをどのように詳細に決めていくのか」という点に尽きます。

　もしゼロから開発するのが難しければ、ノウハウ本やWebサイトの情報などで自分に合うと思われるトレードルールを見つけて、そのルールをトレーダーが検証してみるのも悪くありません。バックテストを行ったり、デモ口座でトレードして検証してみることで、トレードルールの一部を変更したり、利用するテクニカル指標のパラメータを変更したりすることもあり、それによって自分に合うルールができあがることもあります。

結局どんなトレード手法・トレードルールが良いのか?

では、どのようなトレード手法やトレードルールが最も利益を出せて、手法として正しいものになるのでしょうか?

この問いに対する答えはとても難しく、多くのトレードルールで実際にトレードしてみないと分かりません。通貨ペアによっても変わってきますし、その時の市況によっても変わってきます。トレンド相場であることが明確で順張りのトレード手法が良い時期もありますし、逆にレンジ相場であることが明確で逆張りのトレード手法が良い時期もあります。

もっとも、「そのトレーダーにとってのベストなトレード手法・トレードルール」は、やはりある程度決まってくることが多いですし、2〜3のマイトレードルールを使うトレーダーはいても、10も20ものマイルールを使うようなトレーダーはほとんどいません。

基本的に、あるトレードルールを通じて一定の期間で成功すれば、それがその人にとっての成功体験となり、自信を持って使える手法として採用することになります。それが順張りのトレード手法であれば主に順張りのトレードを得意とするトレーダーになりますし、逆張りのトレード手法であれば逆張りが得意と感じるでしょう。

私個人は、「順張りのトレード手法がベスト」と結論づけています。逆張りのトレード手法は、どうも自分に合わない面があり(もちろん、逆張りのトレード手法でスキャルピングを得意としているトレーダーもいます)、順張りのトレードルールしか作らないようになりました。現在ではそのトレードルールを自動化していますので、基本的にトレードはプログラムに任せています。

トレードルールはプログラムで自動化するのが良い

どのようなトレードルールでも自動化できるわけではありませんが、私は、できる限りプログラムを作成してトレードを自動化することをお勧めします。その理由はいくつかあります(詳細は Chapter 6 で解説します)。

- ほかのことをしていても(寝ていても)トレードできる
- トレードルールをバックテストで簡単に検証できる
- トレードルールを正確に守ることができる

◘ 感情に左右されずにトレードできる

　トレードを自動化できるようにトレードルールを工夫できるのであれば、そのほうがベターだと考えています。ただし、どうしても自動化できないトレードルールもありますので、それについては手動（≒裁量）でトレードするしかないでしょう。手動でトレードしないといけないパターンとしては、テクニカル指標を計算で算出できない場合、たとえばトレンドラインを自分で描いてそれを元にトレードする場合などがあります。

Miwa's MEMO	
手動トレードと裁量トレード	「手動トレード」と「裁量トレード」は、まったく同じ意味で扱われることが多いのですが、時に違う意味で使われることもあり、その違いについて説明します。 手動トレードは、人間が手動でオーダーを入れるものすべてを指します。トレード条件の判断についても、ファンダメンタル分析であろうとテクニカル分析であろうとプログラムの判断であろうと、人間がオーダーを入れるなら「手動トレード」です。つまり、手が「注文」というボタンをクリックすることを重視している言葉です。 それに対して裁量トレードは、トレーダー自身が判断しているかどうかを重視しています。たとえば、プログラムがトレードの条件を判断してトレーダーのスマートフォンなどに「オーダーせよ」とメールやサインを送る場合、プログラムの指示で人間がオーダーするので「裁量ではない」という考え方も可能ですが、「手動トレード」であることは間違いないです。ただし、プログラムからサインが届いても、オーダーするかどうかを最終的に人間が判断する場合には、「裁量トレード」というほうが正しいように思えます。 このように細かい差はありますが、最終的に人間がオーダーを入れる場合には両方ともほぼ同義で使われることが多いです。

4-4 順張りのトレード手法で トレードルールを考えてみよう

　私は順張りのトレード手法を得意としています（正確にいえば、逆張りのトレード手法についてはエッジのあるトレードルールを未だに見つけられていない面があります）。ここでは、順張りのトレード手法に関してエッジのあるトレードルールを探していく過程を見ていきます。

順張りトレード手法のエッジ

　順張りのトレード手法の基本的な考え方は、「価格が高くなったことを理由に、その銘柄を買う」ことです。ショートポジションは、「価格が安くなったことを理由に、その銘柄を売る」ことです。

　順張りのトレード手法の難しさは、「価格が高くなっているのに（たとえば直近の最高値で）買って利益が取れるのか？」という一言に尽きます。普段の生活や商売でも何らかの差益で儲ける場合には、「安く買って、高く売る」が原則なのに、価格が高くなっている状況でその銘柄を買う（ロングポジションを持つ）行為が、一般的な感覚として儲けることにつながるとは思えないものです。

　ロングポジションと反対に「安くなっているのに、その銘柄を売る」行為が、順張りの手法におけるショートポジションの持ち方です。順張りのトレード手法におけるロングポジションとショートポジションは、基本的には正反対のトレードを行う行為であり、トレードルールでもまったく正反対に行えば問題ないのですが、まれにロングポジションのみ、ショートポジションのみでエッジが大きいトレードルールも存在します。それについてはトレードルールごとに検証して、ロングまたはショートのみのルールとするか、両方とも取り入れるかを考える必要があります。

　順張りと対比して逆張りのトレード手法の基本的な考え方は、「価格が安くなったことを理由に、その銘柄を買う」ことです。ショートポジションは、「価格が高くなったことを理由に、その銘柄を売る」ことです。順張りのトレード手法と逆のパターンで、私は順張りのほうが得意と書きましたが、**逆張りの考え方は人間にとって自然で分かりやすいものである**ことは事実です。

さて、順張りのトレード手法におけるエッジとは、どんなものでしょうか？　順張りでは、高値や安値を更新するくらいの位置でポジションを取るなど、より不利な状況でポジションを持つわけですから、ポジションを持ってからいかに長く利益を伸ばせるかがエッジを生むポイントになります。言い方を変えるなら、**「トレンドが長く続く通貨ペアほど、順張りでのエッジが得られやすい」**ということです（**図4-10**）。

図4-10　トレンドが長く続く通貨ペアと、短い通貨ペア

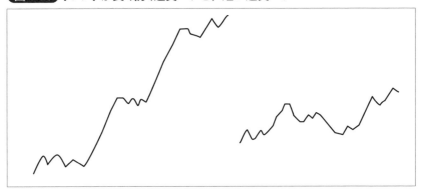

　また、大衆心理から見た場合には、元々トレンドが長い通貨ペアほど順張りのトレード手法で取り組む市場参加者が多くなります。トレンドがもっと長く継続してほしいという大衆心理の圧力が増してトレンド方向にポジションを持つ傾向が強くなり、通貨ペアの値動きに影響することになります。

順張りトレード手法のトレードルールの具体例

　トレンドが長く続く通貨ペアとしては、英ポンド／円が有名です。たとえば、4週間の高値安値ブレイクアウトとトレイリングストップを基本としたシンプルなトレード手法では、バックテスト上では英ポンド／円において明らかなエッジが認められますが、米ドル／円、ユーロ／円、ユーロ／米ドルなどのそのほかの主要な通貨ペアでは、エッジはあまりないように感じられる、などの例があります。

　そのシンプルな高値安値ブレイクアウトの具体例としてトレードルールAを示します（**図4-11**）。

［トレードルールA（ロングポジション）］

1 ロングポジションを持つための条件
- 現在の価格が、4時間足×120本（4週間）の期間において最高値を超えること

2 ロングポジションを決済するための条件
- 損切り設定は150pips
- 含み益が150pipsを超えてからはトレイリングストップを開始し、そのまま150pipsをトレイル幅とする。150pips逆行すると決済する
- 4時間足×30本（1週間）の最安値に到達すると決済する

図4-11 トレードルールA

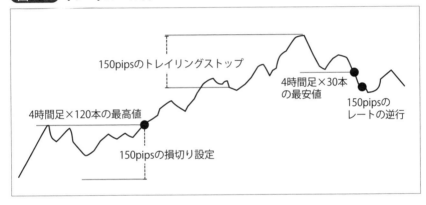

トレードルールAは、まずは4時間足×120本の最高値を更新する時にロングポジションを持ちます。その後、価格が上昇して含み益が150pipsを超えるとトレイリングストップがスタートします。いったん高値を付けたあと逆行して価格が下がると、4時間足×30本の最安値で決済されるか、150pipsのトレイリングストップで決済されます。図4-11では前者のほうが先に起きているので、4時間足×30本の最安値で決済されてしまい、150pips逆行した時点ではすでにポジションはないことになります。

ショートポジションは、ロングポジションと反対のトレードルールになります。念のため記載しておきます。

［**トレードルールA（ショートポジション）**］
1 ショートポジションを持つための条件
  ◪ 現在の価格が、4時間足×120本（4週間）の期間において最安値を下回ること
2 ショートポジションを決済するための条件
  ◪ 損切り設定は150pips
  ◪ 含み益が150pipsを超えてからはトレイリングストップを開始し、そのまま150pipsをトレイル幅とする。150pips逆行すると決済する
  ◪ 4時間足×30本（1週間）の最高値に到達すると決済する

　トレードルールAについて、2017年1月1日から2021年12月19日までの約5年間のバックテストを行いました。検証した通貨ペアは、英ポンド／円、米ドル／円、ユーロ／円、ユーロ／米ドルの4種類で、トレンドが長くなる傾向が強い英ポンド／円についてエッジが存在することを仮定しています。トレードルールAは、「高値安値ブレイクアウトからのトレイリングストップによる決済」という順張りの基本的なルールに則っており、損切りの最大値は150pipsに抑えながら利益確定の大きさは無限大となるため、トレンドが長期になる通貨ペアほど成績が良いと考えられます。

　通常、エッジがありそうなトレード手法をバックテストで検証する際、手動で行うのか自動で行うのかはそのトレード手法にもよりますが、**最も良いといえる方法は、トレードルールをプログラムに落とし込み、自動売買のシステムを作成してバックテストを行うこと**です。

　今回のトレードルールは明確かつ簡単な内容ですので、MT4のEA（Expert Advisor／自動売買プログラム）という形で自動化して通貨ペアごとに比較することにしました。ただし、「エッジのあるトレードルールを見つけるためにはどうしたら良いか？」というテーマのために、あえてプログラムを作成することからスタートするのは難しい場合もありますので、あくまで理想的な一例だとお考えください。また、自動化することがどうしても困難なトレードルールもありますので、そのような手法ではバックテストでもフォワードテストでも手動（裁量）でトレードまたは検証する必要が出てきます。

　それでは、それぞれの通貨ペアごとに約5年間のバックテストの結果を見ていきましょう。**図4-12**は、英ポンド／円のバックテストの結果です。

図4-12 英ポンド／円 トレードルールAのバックテスト

通貨ペア	GBPJPY (Great Britain Pound vs. Japanese Yen)
期間	4時間足(H4) 2017.01.02 08:00 - 2021.12.17 20:00 (2017.01.01 - 2021.12.19)
モデル	全ティック（利用可能な最小時間枠による最も正確な方法）
パラメーター	MAGIC1=1; MAGIC2=2; Lots=0.15; StopLoss=150; TakeProfit=0; Slippage=5; COMMENT="4H"; Candle_Stick_Shift1=1; Band_Period1=14; Band_Deviation1=0; Band_Slide1=0; Band_Shift1=1; Candle_Stick_Shift2=1; Band_Period2=14; Band_Deviation2=0; Band_Slide2=0; Band_Shift2=1; Candle_Stick_Shift3=0; Band_Period3=14; Band_Deviation3=0; Band_Slide3=0; Band_Shift3=0; Candle_Stick_Shift4=0; Band_Period4=14; Band_Deviation4=0; Band_Slide4=0; Band_Shift4=0; Candle_Stick_Shift5=0; HL_Period1=120; HL_Shift1=0; Candle_Stick_Shift6=0; HL_Period2=120; HL_Shift2=1; TrailingStopPoint=150; TrailingStopHL_Period=30; MaxPositionCount=1;

項目	値	項目	値	項目	値
テストバー数	9194	モデルティック数	149294520	モデリング品質	90.00%
不整合チャートエラー	3				
初期証拠金	1000000.00			スプレッド	50
純益	467174.64	総利益	1549481.37	総損失	-1082306.74
プロフィットファクタ	1.43	期待利得	4366.12		
絶対ドローダウン	84411.45	最大ドローダウン	233314.89 (20.28%)	相対ドローダウン	20.28% (233314.89)
総取引数	107	売りポジション(勝率%)	61 (45.90%)	買いポジション(勝率%)	46 (50.00%)
		勝率(%)	51 (47.66%)	負率 (%)	56 (52.34%)
		最大 勝トレード	113680.95	敗トレード	-22923.18
		平均 勝トレード	30381.99	敗トレード	-19326.91
		最大 連勝(金額)	5 (189675.38)	連敗(金額)	5 (-113047.16)
		最大 連勝(トレード数)	189675.38 (5)	連敗(トレード数)	-113047.16 (5)
		平均 連勝	2	連敗	2

残高 / 有効証拠金 / 全ティック(利用可能な最小時間枠を使いすべてのティックを生成する、最も正確な方法) / 90.00%

Chapter 3でトレード結果の見方について説明しましたが、バックテストでもほぼ同様の語句が出てきます。英語と日本語の差はありますが、内容はほとんど同じです。

テストバー数	検証したローソク足の数です。
モデルティック数	検証したティック（値動きの最小単位）の数です。
モデリング品質	過去チャートの情報の品質を示したもので、99%だとティックのレベルでの品質があります。90%だと1分足チャートのレベルでの品質があります。90%未満については、それより情報量が少ないということです。

初期証拠金	バックテストにおける初期の証拠金の設定です。ここでは100万円に設定してあります。
スプレッド	バックテストにおけるスプレッドの大きさを自由に設定できます。単位はpipsではなくpointです。通常、10point＝1pipsですので、ここでの50という設定は50point＝5pipsです。
純益	総利益から総損失を差し引いたもので、バックテスト上の利益となります。
総利益	バックテスト上の利益の総額です。
総損失	バックテスト上の損失の総額です。
プロフィットファクタ	バックテストにおける損益の比率を示し、「総利益／総損失」です。1を超えていればバックテストで利益が出ていることになります。
期待利得	ポジションを1回持った場合の平均の損益を求めたものです。ポジションあたりの期待値のようなものと考えると分かりやすいです。
絶対ドローダウン	バックテスト上の初期証拠金に対して、最大の損失になっている時点でのドローダウンです。あまり価値のない指標です。
最大ドローダウン	バックテスト上の最大のドローダウンがいくら（金額）だったのかを示します。ドローダウンでは最も重要な指標です。
相対ドローダウン	バックテスト上のある時点までの最大の資金に対して、最大ドローダウンが何%だったのか比率を示します。
総取引数	バックテストにおいてポジションを持った回数です。
売りポジション（勝率%）	ショートポジションを持った回数と、その勝率です。
買いポジション（勝率%）	ロングポジションを持った回数と、その勝率です。
勝率（%）	勝ちトレードの数と、勝率です。
負率（%）	負けトレードの数と、負率です。
最大　勝トレード	1つのポジションで得た最大の利益額です。
最大　敗トレード	1つのポジションで被った最大の損失額です。
平均　勝トレード	1つのポジションで得た平均の利益額です。
平均　敗トレード	1つのポジションで被った平均の損失額です。
最大　連勝（金額）	バックテスト中の最多の連勝回数と、その時に得た利益の金額です。
最大　連敗（金額）	バックテスト中の最多の連敗回数と、その時に被った損失の金額です。
最大　連勝（トレード数）	連勝した時の最大の利益額と、その時の連勝回数です。
最大　連敗（トレード数）	連敗した時の最大の損失額と、その時の連敗回数です。
平均　連勝	バックテスト中の平均の連勝数です。
平均　連敗	バックテスト中の平均の連敗数です。

トレードルールAを英ポンド／円でバックテストした結果を分析してみましょう。バックテスト期間は、2017年1月1日から2021年12月19日までの約5年間です。パラメーターのところにはたくさんの設定が並んでいますが、ここは今は無視してください。

　モデリング品質は90％ですので、1分足チャートのレベルでのチャートデータに基づいたバックテストとなります。4時間足チャートを利用したEAですので、1分足レベルでの精密さのバックテストであれば信頼度は十分と考えられます。

　スプレッドは50point（＝5pips）の設定です。厳しくテストするために十分に大きなスプレッドとしています。

　純益は467,174円で、PF（プロフィットファクター）は細かい調整はしていませんが1.43あり、エッジはおおむねありそうです。

　最大ドローダウンは233,314円と、初期証拠金の100万円に対して23％もあり、ちょっと大きすぎます（15％程度に収まってほしいところです）。ただし、ドローダウンは資金管理の問題ともいえるので、ここではドローダウンが多少大きくても今のところはよしとしておきます。

　総取引数は107回で、5年間のバックテストと考えると取引回数は少ない面があります。ただし、スイングトレードの性質を持つであろうことを加味すると、それほど少ないとはいえません。

　勝率は売りポジションで45.9％、買いポジションで50％、合わせて47.66％で、これは順張りの損小利大のトレードなら普通です。

　最大勝トレード、平均勝トレードとも、それぞれ最大敗トレード、平均敗トレードよりも大きく、損小利大のトレードとなっています。

　資産推移曲線は、前半は上がったり下がったりしていますが、後半はおおむね右肩上がりで、まずまずの資産の上昇が見られます。

　総合的に見れば、英ポンド／円において、このシンプルなトレードルールAはエッジがあるように思えます。

　続いて、米ドル／円、ユーロ／円、ユーロ／米ドルのバックテストの結果を一気に見てみましょう（**図4-13～図4-15**）。

図4-13 米ドル／円　トレードルールAのバックテスト

通貨ペア	USDJPY (United States Dollar vs. Japanese Yen)		
期間	4時間足(H4) 2017.01.02 00:00 - 2021.12.17 20:00 (2017.01.01 - 2021.12.19)		
モデル	全ティック (利用可能な最小時間枠による最も正確な方法)		
パラメーター	MAGIC1=1; MAGIC2=2; Lots=0.15; StopLoss=150; TakeProfit=0; Slippage=5; COMMENT="4H"; Candle_Stick_Shift1=1; Band_Period1=14; Band_Deviation1=0; Band_Slide1=0; Band_Shift1=1; Candle_Stick_Shift2=1; Band_Period2=14; Band_Deviation2=0; Band_Slide2=0; Band_Shift2=1; Candle_Stick_Shift3=0; Band_Period3=14; Band_Deviation3=0; Band_Slide3=0; Band_Shift3=0; Candle_Stick_Shift4=0; Band_Period4=14; Band_Deviation4=0; Band_Slide4=0; Band_Shift4=0; Candle_Stick_Shift5=0; HL_Period1=120; HL_Shift1=1; Candle_Stick_Shift6=0; HL_Period2=120; HL_Shift2=1; TrailingStopPoint=150; TrailingStopHL_Period=30; MaxPositionCount=1;		

テストバー数	8718	モデルティック数	81758012	モデリング品質	90.00%
不整合チャートエラー	28			
初期証拠金	1000000.00		スプレッド	30
純益	-174900.10	総利益	543196.36	総損失	-718096.46
プロフィットファクタ	0.76	期待利得	-1987.50		
絶対ドローダウン	174900.10	最大ドローダウン	212949.02 (20.51%)	相対ドローダウン	20.51% (212949.02)
総取引数	88	売りポジション(勝率%)	49 (26.53%)	買いポジション(勝率%)	39 (41.03%)
		勝率(%)	29 (32.95%)	負率 (%)	59 (67.05%)
		最大 勝トレード	88661.61	敗トレード	-22851.08
		平均 勝トレード	18730.91	敗トレード	-12171.13
		最大 連勝(金額)	3 (32783.66)	連敗(金額)	9 (-83611.22)
		最大 連勝(トレード数)	88661.61 (1)	連敗(トレード数)	-83611.22 (9)
		平均 連勝	1	連敗	3

残高 / 有効証拠金 / 全ティック(利用可能な最小時間枠を使いすべてのティックを生成する、最も正確な方法) / 90.00%

1016972
966623
916275
865926
815577

0　5　10　14　19　24　28　33　37　42　47　51　56　61　65　70　74　79　84　88

図4-14 ユーロ／円 トレードルールAのバックテスト

通貨ペア	EURJPY (Euro vs. Japanese Yen)
期間	4時間足(H4) 2017.01.02 08:00 - 2021.12.17 20:00 (2017.01.01 - 2021.12.19)
モデル	全ティック（利用可能な最小時間枠による最も正確な方法）
パラメーター	MAGIC1=1; MAGIC2=2; Lots=0.15; StopLoss=150; TakeProfit=0; Slippage=5; COMMENT="4H"; Candle_Stick_Shift1=1; Band_Period1=14; Band_Deviation1=0; Band_Slide1=0; Band_Shift1=1; Candle_Stick_Shift2=1; Band_Period2=14; Band_Deviation2=0; Band_Slide2=0; Band_Shift2=1; Candle_Stick_Shift3=0; Band_Period3=14; Band_Deviation3=0; Band_Slide3=0; Band_Shift3=0; Candle_Stick_Shift4=0; Band_Period4=14; Band_Deviation4=0; Band_Slide4=0; Band_Shift4=0; Candle_Stick_Shift5=0; HL_Period1=120; HL_Shift1=1; Candle_Stick_Shift6=0; HL_Period2=120; HL_Shift2=1; TrailingStopPoint=150; TrailingStopHL_Period=30; MaxPositionCount=1;

テストバー数	9197	モデルティック数	144634175	モデリング品質	90.00%
不整合チャートエラー	0				
初期証拠金	1000000.00			スプレッド	30
純益	-137548.79	総利益	706756.63	総損失	-844305.43
プロフィットファクタ	0.84	期待利得		-1495.10	
絶対ドローダウン	180914.98	最大ドローダウン	278281.61 (25.36%)	相対ドローダウン	25.36% (278281.61)
総取引数	92	売りポジション(勝率%)	46 (39.13%)	買いポジション(勝率%)	46 (43.48%)
		勝率(%)	38 (41.30%)	負率 (%)	54 (58.70%)
		最大 勝トレード	110251.35	敗トレード	-22913.27
		平均 勝トレード	18598.86	敗トレード	-15635.29
		最大 連勝(金額)	4 (93379.57)	連敗(金額)	6 (-114294.70)
		最大 連勝(トレード数)	138359.30 (3)	連敗(トレード数)	-114294.70 (6)
		平均 連勝	2	連敗	2

残高 / 有効証拠金 / 全ティック(利用可能な最小時間枠を使いすべてのティックを生成する、最も正確な方法) / 90.00%

1076644
1011445
946246
881047
815848

0 5 10 15 20 25 29 34 39 44 49 54 59 63 68 73 78 83 88 92

図4-15 ユーロ／米ドル　トレードルールAのバックテスト

通貨ペア	EURUSD (Euro vs. United States Dollar)		
期間	4時間足(H4) 2017.01.02 08:00 - 2021.12.17 20:00 (2017.01.01 - 2021.12.19)		
モデル	全ティック（利用可能な最小時間枠による最も正確な方法）		
パラメーター	MAGIC1=1; MAGIC2=2; Lots=0.15; StopLoss=150; TakeProfit=0; Slippage=5; COMMENT="4H"; Candle_Stick_Shift1=1; Band_Period1=14; Band_Deviation1=0; Band_Slide1=0; Band_Shift1=0; Candle_Stick_Shift2=1; Band_Period2=14; Band_Deviation2=0; Band_Slide2=0; Band_Shift2=1; Candle_Stick_Shift3=0; Band_Period3=14; Band_Deviation3=0; Band_Slide3=0; Band_Shift3=0; Candle_Stick_Shift4=0; Band_Period4=14; Band_Deviation4=0; Band_Slide4=0; Band_Shift4=0; Candle_Stick_Shift5=0; HL_Period1=120; HL_Shift1=0; Candle_Stick_Shift6=0; HL_Period2=120; HL_Shift2=0; TrailingStopPoint=150; TrailingStopHL_Period=30; MaxPositionCount=1;		
テストバー数	9087	モデルティック数	105222807	モデリング品質	90.00%
不整合チャートエラー	0		
初期証拠金	1000000.00		スプレッド	30
純益	-229745.93	総利益	571287.36	総損失	-801033.29
プロフィットファクタ	0.71	期待利得	-2524.68		
絶対ドローダウン	343238.26	最大ドローダウン	344614.57 (34.41%)	相対ドローダウン	34.41% (344614.57)
総取引数	91	売りポジション(勝率%)	43 (37.21%)	買いポジション(勝率%)	48 (33.33%)
		勝率(%)	32 (35.16%)	負率 (%)	59 (64.84%)
		最大 勝トレード	66472.63	敗トレード	-26063.17
		平均 勝トレード	17852.73	敗トレード	-13576.84
		最大 連勝(金額)	4 (78962.50)	連敗(金額)	12 (-147169.47)
		最大 連勝(トレード数)	107608.88 (2)	連敗(トレード数)	-147169.47 (12)
		平均 連勝	3		

残高／有効証拠金／全ティック（利用可能な最小時間枠を使いすべてのティックを生成する、最も正確な方法）／90.00%

これら3つのバックテストの期間は、2017年1月1日から2021年12月19日までの約5年間です。モデリング品質は90%で、英ポンド／円のバックテストと同様に、1分足チャートのレベルまで検証されていますので問題ありません。

スプレッドは英ポンド／円のバックテストよりはやさしい設定にしてあり、英ポンド／円では50point（5pips）でしたが、これら3つのバックテストでは30point（3pips）としてあります。

資産推移曲線を見ると、3つのバックテストで基本的に右肩下がりとなっており、PF（プロフィットファクター）もすべて1未満です。明らかにエッ

ジはないものと判断できそうです。

　これらのバックテストの結果からおおむねいえることは、**トレードルールAのように基本的な順張りのルールに関して英ポンド／円ではエッジがありそうだということです。この結果は、英ポンド／円はトレンドが長く続く傾向があり順張りトレードに向いている**、という仮定と合致するものであり、さらなる検証とトレードルールの改善を行うことが望まれます。逆に、米ドル／円、ユーロ／円、ユーロ／米ドルでは、トレードルールAはエッジがなさそうな結果となってしまいましたので、それらの通貨ペアでの順張りトレードを諦めるか、トレードルールの抜本的な修正やトレードルールの新規開発を行って再度検証する必要がありそうです。

　実際のところ、私は英ポンド／円は順張りのトレードに合っていると思っていますが、ほかの通貨ペアで順張りのトレードがまったくできないわけではありません（ただし、それらの通貨ペアに見合うトレードルールを探す必要はあります）。そして、もしも英ポンド／円以外の3つの通貨ペアのバックテストでも、英ポンド／円と同様にトレードルールAでエッジがありそうな結果であったなら、トレードルールAのような順張りのトレード手法が、より普遍的にエッジを持つことが確認されていたことになります。

　しかし、今回のバックテスト結果では、英ポンド／円における順張りのトレード手法でのエッジの存在を確認できたのと同時に、同じトレード手法がほかのメジャーな通貨ペアでも通じるような「圧倒的に優位性の強い、普遍的なエッジ」ではないことが確認されました。言い換えれば、英ポンド／円をトレードする市場参加者のみに特有な大衆心理の「癖」を発見できたともいえるのかもしれません。

エンジニアでもない私の、プログラミングの話

　プログラミングが学校教育で必修になったのは2020年からですから、まだまだ緒についたばかりです。しかし、小中学生や高校生がプログラミングを学ぶことは、昔からそれほど難しいことではありませんでした。

　私がはじめてプログラミングについて興味を持つようになったのは小学生のころでした。当時、PC-6001というパソコン（当時はまだ「マイコン」と呼ばれていました）が発売されていて、憧れた記憶があります。その後、私が中学生の時に父が職場を定年退職し、その退職金で「何か1つ、ほしいものを買ってあげる」といわれ、PC-8801FHという発売されたばかりのパソコンを買ってもらいました。高価なものを買い与えられたことなどなかったので、とても嬉しかったことを覚えています。

　当時はまだグラフィカルなOSではなく、コンピュータに何かをさせるにはコマンドを打ち込んだり、BASICなどのプログラミング言語を使う必要がありました。BASICは中学生の私でもある程度扱える（理解できる）言語でしたので、BASICでコンピュータのメモリに直接キャラクターの絵面を書き込んで、それを動かしたりするなど自分で考えてプログラミングをしたものです。

　その後、高校・大学時代にはパソコンにあまり触れなくなり、次にプログラムに触れるのはMT4のEAを作成する段階となるわけですが、30年以上も前のことにもかかわらず、独学で簡単なプログラミングを経験していたことで、あまり恐れずにプログラミングの世界に入っていくことができました。

　プロのエンジニアから見れば私が作成するプログラムなど稚拙そのもののはずですが、それでも、自分で作成したプログラムでFXの運用ができるなんて、とても興味深いことであると感じています。

Chapter5
私が採用しているトレード手法・トレードルール

私は、自分で開発したトレードルールを約5年にわたり運用しています。ここでは、そのトレード手法・トレードルールについて詳細に解説し、読者の方々の運用に役立てていただけるように努めました。じっくり読み進めてトレードルールの理解を深めてもらうことができれば、まさに著者冥利に尽きます。

5-1 マイトレードルールを公開する理由

　私が、現在メインで使っているトレード手法を積極的に採用し始めたのは2017年からです。そのころは手動のトレードで行っていました。トレードルールの検証も手動で行っていましたので、なかなか正確なバックテストができず、1年ほどの期間のバックテストを行うのが限界でした。

　また、夜間にトレードすることができなかったため、上手にチャンスを生かせなかった時もありました。ポジションを持つサインが出る多くのタイミングは、ロンドン時間（日本時間の夕方くらい）か、ニューヨーク時間の早い時間（22時ごろから深夜0時ごろまで）のことが多かったので、いつもサインを逃していたわけではありませんが、やはり深夜のトレードは困難で諦めていました。

　トレードルールから発せられる、ポジションを持つサインを手元のスマートフォンに送るプログラムを作ってみたこともあります。しかし、スマートフォンにサインが届いても、仕事中だったりしてすぐにポジションを手動で持てないこともあったため、最終的には完全に自動化しました。

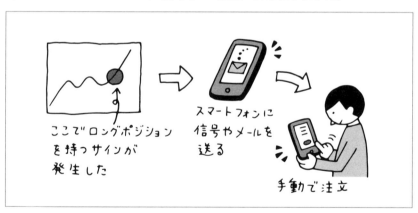

　トレードを完全に自動化した運用を始めたのは2018年10月からです。一部のパラメータの変更などは行いましたが、設定のアップデートを2019年から2020年にかけて行ったのみで、それ以外は基本的に何も触らずに、現在までプログラムに任せて運用しています。

それは、**完全に順張り（トレンドフォロー）の手法**です。Chapter 4で述べた通り、英ポンド／円が順張りに合う通貨ペアであるため、順張りのトレードルールを英ポンド／円で運用しています。

実は、自前で開発したトレード手法・トレードルールを細部にわたって公開してしまうことについて身近な友人からは反対意見もありました。

トレードルールを公開しても良いと決めた理由はいくつかあります。1つ目は、私の著書を購入していただいた方には、できるだけ役に立つ考え方や良い情報を提供したいと考えているからです。私が自信を持って提供できることを可能な範囲で行うことは、とても重要だと考えました。

2つ目は、私のマイトレードルールは順張りの手法としてシンプルなものであり、ことさら複雑なことはやっておらず、あえて隠すようなものではないと判断したからです。

3つ目は、FXの市場規模は巨大で、読者の方々が私と同じトレードルールを利用したとしても、市況の大勢に影響はほとんどないからです。

4つ目は、もし仮に**私と同じトレードルールを使う人が増えて市況の大勢に影響があったとしても、マイトレードルールによるトレードは大衆心理として価格や値動きに織り込まれ、結果として順張りのトレードルールにおいてプラスの影響しかない**と考えたからです。

そして、私のトレードルールを完全に再現できるEA（Expert Advisor／自動売買プログラム）も本の特典としてご提供します。これは、巷でいわれる「儲かるEAなら他者に公開したりはしない」「有料で公開するEAは、トレードで儲けられないから売って利益を得ようとするのだろう」といった意見に対する、私なりのアンチテーゼという意味もあります。

5-2 「bol-HLt」のトレードルールの仕組み

私は、一部のトレードを除き、ほとんどのトレードでは1つのEAのみを用いています。このEAの名称は「bol-HLt」です。パラメータを少しずつ変えて、4つの条件を設定してトレードさせています。

まずは、そのなかの1つの設定について解説し、後ほどパラメータを変えたほかの設定についても説明します。

「bol-HLt」のロングポジションに関する条件

「bol-HLt」は、Chapter 4で例示したトレードルールAに、別のインジケーターの条件も加えてトレードの精度を増したものです。「bol-HLt」はEAの名称ですが、トレードルールの名称としても差しつかえありません。

ロングポジションを持つための条件は、次の**1**・**2**・**3**をすべて満たした時です（**図5-1**）。すべて4時間足での計算となっています。

1 1本前のローソク足の終値が、移動平均線（期間14）の終値よりも上にあること

2 現在の価格が、ローソク足×120本（4週間）の期間において最高値を超えること

3 現在の価格が、ボリンジャーバンド（期間14）の標準偏差2.3σよりも上にあること

1・**2**・**3**の条件がすべて満たされたのが**3**の時点なので、そこでロングポジションを持つことになります。

図5-1 ロングポジションを持つ条件

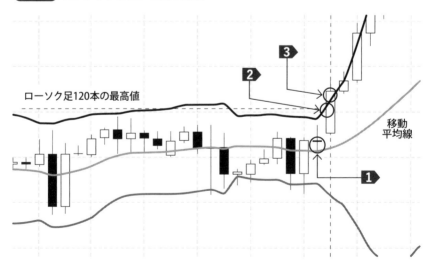

ローソク足120本の最高値

移動平均線

ロングポジションを決済するための条件は、次の**4**・**5**・**6**のうちいずれかを満たした時です。すべて4時間足での計算となっています。

4　損切り設定は150pips
5　含み益が150pipsを超えてからはトレイリングストップを開始し、そのまま150pipsをトレイル幅とする。150pips逆行すると決済する
6　ローソク足×30本（1週間）の最安値に到達すると決済する

　つまり、「bol-HLt」は、**2**と**4**・**5**・**6**の条件についてはChapter 4のトレードルールAとまったく同じで、そこに**1**と**3**の条件が加わっているわけです。
　トレードルールAに基づいてポジションを持つ際に、「**1**と**3**のフィルターを加えている」ともいえるわけで、より利益につながるポジションのみを持てるように工夫しています。

条件**1**
1本前のローソク足の終値が、移動平均線（期間14）の終値よりも上にあること

　これは、結果としてポジションを持つことになった場合のローソク足の、1本前のローソク足についての条件です。図5-1のようにボラティリティが低い状況から一気にボラティリティが高まる時に、少しでもトレンドの発生する方向を見極めるための条件として設定しています。

条件**2**
現在の価格が、ローソク足×120本（4週間）の期間において最高値を超えること

　「高値安値ブレイクアウト」と呼ばれる手法の基本的なトレードルールです。4週間の最高値を超えることを、ポジションを持つための条件にしていますが、10日間や8週間など、ほかの数字を使う場合もあり得ます。ただし、**大衆心理を鑑みれば、4週間（≒1カ月）や1週間など、心理的にしっくりくる数字を用いるほうが、より適切な条件になる可能性が高まります。**心理的に採用しやすい数字は、より多くのトレーダーがその数字を設定する可能性

が高いことであり、大衆心理に逆らわずに味方にする方法として重要なこと
です。

現在の価格が、ボリンジャーバンド（期間14）の標準偏差2.3σよりも上に
あること

　この条件は、**値動きの勢いが強いことを検出するために設定しています。**
ボリンジャーバンドは、移動平均線からの乖離の程度を示したもので、ボラ
ティリティが小さい時はボリンジャーバンドの上下の幅は小さくなり、ボラ
ティリティが大きい時はボリンジャーバンドの上下の幅は大きくなります。
つまり、ボラティリティの大小（＝値動きの幅）によって、同じ標準偏差σ
の線でも、移動平均線に近づいたり離れたりを繰り返します。
　図5-1では標準偏差2.3σのボリンジャーバンドを載せていますが、図の
右端のほうではバンドウォークが発生し、英ポンド／円の値動きはボリン
ジャーバンドの2.3σを上に越えています。値動きの勢いが強いため、この
ようなローソク足となっているのです。
　標準偏差2.3σという値は、様々な値で検証して決めたものです。バック
テストなどを行い、この数字に落ち着きました。ボリンジャーバンドに設定
する値は、「期間」と「標準偏差」の2つの組み合わせとなりますので、高値
安値ブレイクアウトの期間の設定（1週間や1カ月など）のように「2σ」「3
σ」など綺麗な数字にはできませんでしたが、あくまでフィルタリングとし
て利用しているだけなので、それほど矛盾はないと考えています。

損切り設定は150pips

　損切りは、一律に150pipsに設定しています。英ポンド／円のトレードを
10年以上やってきて経験的に感じていることとして、150pipsまでの逆行に
よる含み損については、最終的に含み損が解消されて利益確定できる場面が
結構あります。
　つまり、**英ポンド／円に関していえば、150pipsまでの逆行はまだ（損切
り方向への）トレンドの発生とはいえず、相場のなかでの「小さなブレ」に
含まれ、引き続き順張りの方向への値動きが続く可能性がある**、ということ
です。

条件 5

含み益が150pipsを超えてからはトレイリングストップを開始し、そのまま150pipsをトレイル幅とする。150pips逆行すると決済する

　トレイリングストップは、計算方法によって多くの種類があります。一番シンプルで多用されているのが、「○○pipsの含み益に対して損切りポイントを○○pips上げていく（ショートポジションの場合は下げていく）」方法です。

　この「含み益のpipsに応じてトレイリングする」トレイリングストップには2種類あります。**図5-2**の（a）のトレイリングストップは、含み益に応じて損切りポイントをそのままトレイリングします。図5-2の（b）のトレイリングストップは、150pipsなどの決められた含み益に到達するまではトレイリングせず、150pipsに到達してからはじめてトレイリングストップが動き始めます。

　条件 5 は、（b）のトレイリングストップを採用しています。上記の2種類のトレイリングストップをそれぞれ採用したEAを作成してバックテストしたところ、（b）のトレイリングストップのほうが明らかに成績が良かったからです。

図5-2　トレイリングストップ

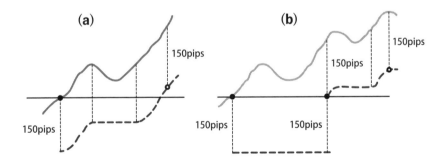

ローソク足×30本（1週間）の最安値に到達すると決済する

　条件 6 は、条件 2 の逆のような形になっています。条件 2 では「4時間足×120本（約1カ月）の最高値を更新する」ことがロングポジションを持つための条件になっていますが、条件 6 では「4時間足×30本（1週間）の最安値を更新する」ことがポジションを決済（解消）する条件となっています。これは、**「トレンドの方向が、反対に向かう傾向があれば決済しよう」と試みている条件**ということです。

　1カ月間の高値安値ブレイクアウトでポジションを持ち、反対向きのトレンドが発生してきたらポジションを解消しようという考え方は、アメリカの著名トレード集団「タートルズ」のトレンドフォロー手法を参考にしています。

Miwa's MEMO
タートルズ

タートルズの物語は、ここで説明できるほど簡単なものではありませんが、私がトレンドフォロー（≒順張り）について強く意識するようになったのはタートルズのトレード手法を知ってからのことなので、簡単に触れさせてもらおうと思います。

タートルズの物語は、1970年代に活躍したアメリカの有名トレーダーであるリチャード・デニスが、トレーダー仲間であるウィリアム・エックハートと賭けをしたことから始まります。2人は、「優秀なトレーダーは育成できるのか、できないのか？」という疑問について賭けをしました。1983年と1984年にウォール・ストリート・ジャーナルに広告が打たれ、賭けの対象となる実験に参加してもらうトレーダーが集められました。このトレーダー集団をリチャード・デニスが「タートルズ」と名づけました。

実際のところ、この賭けの結果は「優秀なトレーダーは育成できる」というものでした。つまり本質的に捉えるならば、「勝てるトレードルールを守ることができれば、誰でも優秀なトレーダーになれる可能性がある」ということです。タートルズのメンバーのうち全員が優秀なトレーダーになったわけではありませんが、勝てるトレードルールがあったからこそトレーダーとして成功したのは間違いないでしょう。

リチャード・デニスからタートルズへと伝授されたトレードルールは、まさしくトレンドフォローの典型的

なもので、20日（または55日）の高値安値ブレイク
アウトを基本にしたものでした。たとえばロングポジ
ションの場合、価格が逆行して20日の半分である10
日における最安値に到達したらポジションを決済しま
す。実際には別の条件も含まれていますが、基本は
典型的なトレンドフォローの手法でした。

私が主に使っているトレードルールも、タートルズと
同様に20日（＝4時間足×120本）の高値安値ブレイ
クアウトを基本としています。週末は市場が休んでお
りカウントしませんので、20日というのは、実際の期
間としては28日間、つまり約1カ月です。タートルズ
が1カ月間の最高値・最安値を重要視していたことは、
大衆心理がやはり1カ月という時間を意識するであろ
うことと一致しており、1980年代でも2020年代でも通
用するトレードルールであろうことを示唆しています。

ただし、タートルズのトレードルールについては、「現
在では情報が瞬く間に世界中に伝わってしまうためト
レンドフォローは使えない手法になってきている」とい
う意見もありますし、私自身も、すべての通貨ペアに
ついてエッジのあるトレードルールとは考えていませ
ん。それでも、英ポンド／円のようにトレンドが長く続
く傾向のある通貨ペアに採用するのであれば、現代で
も通用するものだと考えています。

「bol-HLt」のショートポジションに関する条件

「bol-HLt」のショートポジションの条件は、ロングポジションとちょうど
上下が反対となります。左右対称ならぬ上下対称のイメージです。

　ショートポジションを持つための条件は、次の **1**・**2**・**3** をすべて満た
した時です。すべて4時間足での計算となっています。

1　1本前のローソク足の終値が、移動平均線（期間14）の終値よりも下に
　　あること
2　現在の価格が、ローソク足×120本（4週間）の期間において最安値を
　　下回ること
3　現在の価格が、ボリンジャーバンド（期間14）の標準偏差 -2.3σ より
　　も下にあること

ショートポジションを決済するための条件は、次の4・5・6のうちいずれかを満たした時です。すべて4時間足での計算となっています。

4　損切り設定は150pips
5　含み益が150pipsを超えてからはトレイリングストップを開始し、そのまま150pipsをトレイル幅とする。150pips逆行すると決済する
6　ローソク足×30本（1週間）の最高値に到達すると決済する

5-3　「bol-HLt」のバックテスト結果を分析する

　2012年から2022年初頭までの約10年の期間で「bol-HLt」のバックテストを行いました（**図5-3**）。
　バックテスト期間は、2012年1月1日から2022年1月22日までの約10年間です。
　モデリング品質は90%なので、1分足チャートのレベルでのチャートデータに基づいたバックテストです。「bol-HLt」は4時間足チャートを利用したEAなので、1分足レベルでの精密さのバックテストであれば信頼度は十分だと思われます。
　スプレッドは50point（＝5pips）で、テストとしては厳しい設定にしています。
　10年間での純益は1,105,993円で、PF（プロフィットファクター）は1.86ありますからエッジが存在する可能性が高いです。
　最大ドローダウンは155,044円と、初期証拠金の100万円に対しては15%強ありますが、ドローダウンの基準としている15%とほぼ同等ですので、資金管理を考慮しても、ロット数の設定（0.13ロット）はおおむね適切だといえるでしょう。

図5-3 「bol-HLt」のバックテスト

通貨ペア	GBPJPY (Great Britain Pound vs. Japanese Yen)		
期間	4時間足(H4) 2012.01.02 08:00 - 2022.01.21 20:00 (2012.01.01 - 2022.01.22)		
モデル	全ティック (利用可能な最小時間枠による最も正確な方法)		
パラメーター	MAGIC1=98555437; MAGIC2=88555437; Lots=0.13; StopLoss=150; Slippage=10; COMMENT="4H"; HL_Period1=120; HL_Period2=120; TrailingStopPoint=150; TrailingStopHL_Period=30;		

テストバー数	16964	モデルティック数	259709386	モデリング品質	90.00%
不整合チャートエラー	4				
初期証拠金	1000000.00			スプレッド	50
純益	1105993.88	総利益	2392887.20	総損失	-1286893.33
プロフィットファクタ	1.86	期待利得	6505.85		
絶対ドローダウン	2866.86	最大ドローダウン	155044.12 (10.82%)	相対ドローダウン	10.82% (155044.12)
総取引数	170	売りポジション(勝率%)	95 (49.47%)	買いポジション(勝率%)	75 (65.33%)
		勝率(%)	96 (56.47%)	負率(%)	74 (43.53%)
		最大 勝トレード	126265.10	敗トレード	-19929.99
		平均 勝トレード	24925.91	敗トレード	-17390.45
		最大 連勝(金額)	6 (121079.53)	連敗(金額)	4 (-78474.74)
		最大 連勝(トレード数)	169740.85 (4)	連敗(トレード数)	-78474.74 (4)
		平均 連勝	2	連敗	2

残高 / 有効証拠金 / 全ティック(利用可能な最小時間枠を使いすべてのティックを生成する、最も正確な方法) / 90.00%

総取引数は170回で、10年間のバックテストということで1年間に17回のポジションを持ったことになります。絶対的な回数は少ないものの、スイングトレードの性質からすれば適切な取引回数だと思われます。

勝率は売りポジションで49.47%、買いポジションで65.33%、合わせて56.47%であり、順張りの損小利大のトレードとしては十分に良い勝率だといえるでしょう。ただし、買いポジションのほうが売りポジションよりもかなり勝率が高いことから、英ポンド/円の値動きの性質は上昇トレンドと下降トレンドで、ある程度異なっている可能性が示唆されます。

最大勝トレード、平均勝トレードとも、それぞれ最大敗トレード、平均敗トレードよりも大きく、損小利大のトレードとなっています。

資産推移曲線は全体的におおむね右肩上がりで、まずまずの資産の上昇が見られます。

総合的に見て、「bol-HLt」は十分にエッジがあると判断しても良さそうです。

5-4 「bol-HLt」のアウトオブサンプルテスト

　私は、バックテストを行う時に通常は10年間くらいを目処にしています。15年でも20年でも長ければ良いという意見もありますが、私は、10年以上も過去の値動きに対するバックテストは重要視する必要はないと考えます。

　ただし、**アウトオブサンプルテストを行うことは、トレードルールの堅牢性を確認するために良いこと**だと考えています。「bol-HLt」のバックテストは、2012年から2022年初頭の約10年の期間で分析しました。これを同じパラメータのまま、さらに過去である2012年より以前の期間でバックテストすることがアウトオブサンプルテストとなります（**図5-4**）。

図5-4　アウトオブサンプルテストの例

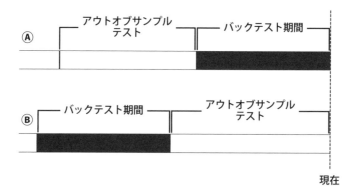

　図5-4のⒶのように元々のバックテスト期間より過去の期間についてバックテストを行ってアウトオブサンプルテストとすることもできますし、図5-4のⒷのように元々のバックテスト期間より未来の期間についてアウトオブサンプルテストを行うこともできます。

　今回は、2006年以後のチャートデータが入手できたことと、サブプライム危機と世界金融危機の2007〜2008年をカバーできることから、2006〜2011年の期間についてアウトオブサンプルテストを行ってみました（**図5-5**）。

図5-5は、2006 ～ 2011年（日付としては2012年1月1日）の6年間について
いてのバックテストで、2012 ～ 2022年初頭のバックテストに対するアウト
オブサンプルテストとして実施したものです。図5-4の⒜と同様のものです。
このアウトオブサンプルテストを分析してみましょう。

図5-5 「bol-HLt」のアウトオブサンプルテスト

　モデリング品質は90％なので、1分足チャートのレベルでのチャートデー
タに基づいています。信頼度は十分だと思われます。

　スプレッドは50point（＝5pips）で、十分に大きいスプレッドです。スプ
レッドの設定値を大きくしたテストのほうが、テスト結果の信頼度は増すこ
とになります。

　アウトオブサンプルテストの6年間での純益は617,511円で、PF（プロ
フィットファクター）は1.54です。元々のバックテストでの1.86よりは低い
ですが、エッジがあるといえる程度の1.5以上の値となっています。

　アウトオブサンプルテストの最大ドローダウンは163,946円と、初期証拠
金の100万円に対して16％強ありますが、元々のバックテストとおおむね同

様です。総取引数は128回なので、1年間に20回程度のポジションを持ったことになります。

　アウトオブサンプルテストでの勝率は51.56％であり、元々のバックテストと比較するとやや低いですが、おおむね同等といって差しつかえないでしょう。

　資産推移曲線は綺麗な右肩上がりではなく、ややムラのある形となっていますが資産の上昇が見られます。

　総じて、このアウトオブサンプルテストからは「bol-HLt」のトレードルールにはエッジがあると考えられます。また、このアウトオブサンプルテストは2006〜2011年のバックテストと同じものですので、**「bol-HLt」はサブプライム危機と世界金融危機の時期でもエッジのあるトレードが可能であったことを示しています。**

5-5　パラメータを変えて、「bol-HLt」の4つの設定を検証

トレイリングストップ幅の設定を150pipsから200pipsに変更

　元々、「bol-HLt」のトレイリングストップ幅の設定については、私自身が英ポンド／円の値動きを長年にわたり観察し、トレンドが継続しながらの150pips以上の逆行は少なかったため150pipsと設定した経緯があります。100〜120pips程度では簡単に逆行してしまい、また200pips以上の逆行まで我慢するとトレンドが変化してしまうことが多かったのですが、トレイリングストップ幅の設定については150pipsだけでなく200pipsも検証してみることにしました。

高値安値ブレイクアウトの期間の設定を1カ月から1週間に変更

　Chapter 1で、大衆心理をトレードに絡めて考えるとき、節目となるような時間の間隔について注目すべきだとお伝えしました。「bol-HLt」の高値安値ブレイクアウトの設定は、時間的な節目として4時間足×120本（≒1カ

月）を基準として条件設定を行いました。結果としては「約1カ月」という時間の設定を用いたことで、明らかにエッジがありそうなバックテストとなりました。また、4時間足×30本（＝1週間）の設定でも、バックテストや実トレード（＝フォワードテスト）をある程度行っています。1カ月だけでなく1週間も、節目となるような時間間隔であるからです。

　パラメータを変えたバックテストは次の4つの設定で行いました。

1 　高値安値ブレイクアウトの期間1カ月（4時間足×120本）、トレイリングストップ150pips

2 　高値安値ブレイクアウトの期間1カ月（4時間足×120本）、トレイリングストップ200pips

3 　高値安値ブレイクアウトの期間1週間（4時間足×30本）、トレイリングストップ150pips

4 　高値安値ブレイクアウトの期間1週間（4時間足×30本）、トレイリングストップ200pips

　この **1** ～ **4** の設定のうち **1** は元々の「bol-HLt」と同じ設定ですので省きます。**2** ～ **4** の3つの設定で行ったバックテストについて解説します。

設定 **2** のバックテスト

　図5-6は、「高値安値ブレイクアウトの期間1カ月（4時間足×120本）、トレイリングストップ200pips」という設定で、約10年間のバックテストを行ったものです。この設定 **2** はポジションを持つ時の条件は **1** とまったく同じですが、ポジションを決済する時の条件はトレイリングストップの設定を150pipsから200pipsへと増やしています。

図5-6 設定❷のバックテスト

通貨ペア		GBPJPY (Great Britain Pound vs. Japanese Yen)			
期間		4時間足(H4) 2012.01.02 08:00 - 2022.01.21 20:00 (2012.01.01 - 2022.01.22)			
モデル		全ティック(利用可能な最小時間枠による最も正確な方法)			
パラメーター		MAGIC1=98555437; MAGIC2=88555437; Lots=0.13; StopLoss=150; Slippage=10; COMMENT="4H"; HL_Period1=120; HL_Period2=120; TrailingStopPoint=200; TrailingStopHL_Period=30;			
テストバー数	16964	モデルティック数		259709393	モデリング品質	90.00%
不整合チャート エラー	4					
初期証拠金	1000000.00			スプレッド	50
純益	1199667.45	総利益		2437115.19	総損失	-1237447.73
プロフィットファクタ	1.97	期待利得		7892.55	
絶対ドローダウン	2867.81	最大ドローダウン	182573.63 (11.41%)	相対ドローダウン	11.41% (182573.63)
総取引数	152	売りポジション(勝率%)	84 (45.24%)	買いポジション(勝率%)	68 (63.24%)
		勝率(%)	81 (53.29%)	負率 (%)	71 (46.71%)
		最大 勝トレード	143054.53	敗トレード	-19931.87
		平均 勝トレード	30087.84	敗トレード	-17428.84
		最大 連勝(金額)	4 (164296.40)	連敗(金額)	7 (-137326.87)
		最大 連勝(トレード数)	164296.40 (4)	連敗(トレード数)	-137326.87 (7)
		平均 連勝	2	連敗	2

純益 / 有効証拠金 / 全ティック(利用可能な最小時間枠を使いすべてのティックを生成する、最も正確な方法) / 90.00%

2229062
1906547
1584032
1261518
939003

0 9 17 25 33 41 49 57 65 73 81 89 97 105 113 121 129 137 145 153

　モデリング品質は今までのバックテストと同様、問題ありません。スプレッドの設定も50point（5pips）と厳しいものです。

　純益は1,199,667円と大きくはないですが、PF（プロフィットファクター）は1.97で、かなりのエッジがあるといえる値になっています。

　最大ドローダウンは18万円強と、初期証拠金の100万円に対してやや大きすぎる面があります。

　総取引数は152回で、1年間に15回程度のポジションを持ったことになります。設定❶と同様にスイングトレードのトレードルールなので、まずまず適切といえるでしょう。

　勝率は53%程度と妥当で、平均勝トレードの利益が平均敗トレードの損失よりもかなり大きく、損小利大のトレードになっています。

　資産推移曲線はまずまず綺麗な右肩上がりになっており、資産の上昇が見られます。

　設定❶のバックテスト（「bol-HLt」の元々の設定のバックテスト）と比

較すると、設定 **2** はPFが2に近く非常に大きいのですがドローダウンもやや大きいです。純益はあまり大きくないので、初期証拠金に対するポジションサイズを小さくすると純益がさらに下がりますから設定 **1** より小さくするか迷うところですが、私は同程度でも良いと考えます。

設定 **3** のバックテスト

図5-7は、「高値安値ブレイクアウトの期間1週間（4時間足×30本）、トレイリングストップ150pips」という設定で、約10年間のバックテストを行ったものです。

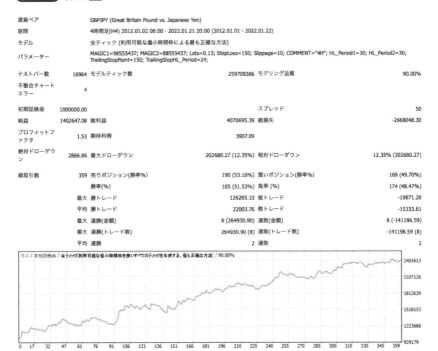

図5-7 設定3 のバックテスト

通貨ペア		GBPJPY (Great Britain Pound vs. Japanese Yen)		
期間		4時間足(H4) 2012.01.02 08:00 - 2022.01.21 20:00 (2012.01.01 - 2022.01.22)		
モデル		全ティック (利用可能な最小時間枠による最も正確な方法)		
パラメーター		MAGIC1=98555437; MAGIC2=88555437; Lots=0.13; StopLoss=150; Slippage=10; COMMENT="4H"; HL_Period1=30; HL_Period2=30; TrailingStopPoint=150; TrailingStopHL_Period=24;		
テストバー数	16964	モデルティック数	259709386	モデリング品質	90.00%
不整合チャートエラー	4			
初期証拠金	1000000.00		スプレッド	50
純益	1402647.08	総利益	4070695.39	総損失	-2668048.30
プロフィットファクタ	1.53	期待利得	3907.09		
絶対ドローダウン	2866.86	最大ドローダウン	202680.27 (12.35%)	相対ドローダウン	12.35% (202680.27)
総取引数	359	売りポジション(勝率%)	190 (53.16%)	買いポジション(勝率%)	169 (49.70%)
		勝率(%)	185 (51.53%)	負率 (%)	174 (48.47%)
		最大 勝トレード	126265.10	敗トレード	-19871.28
		平均 勝トレード	22003.76	敗トレード	-15333.61
		最大 連勝(金額)	8 (264930.90)	連敗(金額)	8 (-141196.59)
		最大 連勝(トレード数)	264930.90 (8)	連敗(トレード数)	-141196.59 (8)
		平均 連勝	2	連敗	2

モデリング品質は今までのバックテストと同様、問題ありません。スプレッドの設定も50point（5pips）と厳しいものです。

純益は1,402,647円で、PF（プロフィットファクター）は1.53ですので、十分にエッジがあるといえる程度の値になっています。

最大ドローダウンは20万円強と、初期証拠金100万円の20％強ですから大きすぎる面があります。

　総取引数は359回で、1年間に35回程度のポジションを持ったことになります。

　勝率は50％程度と妥当で、平均勝トレードの利益が平均敗トレードの損失よりも大きく、損小利大のトレードになっています。

　資産推移曲線は綺麗な右肩上がりではなく、ややムラのある形となっていますが、おおむね資産の上昇が見られます。

　設定**1**のバックテスト（「bol-HLt」の元々の設定のバックテスト）と比較すると、設定**3**は純益が大きいですがドローダウンも大きいため、初期証拠金に対するポジションサイズを少し下げるほうが良さそうです。設定**1**のポジションサイズは0.13ロットとしていますが、設定**3**を設定**1**と同程度のドローダウンに収めようと思うと、0.10 ～ 0.11ロットくらいにする必要があります。

設定**4**のバックテスト

　図5-8は、「高値安値ブレイクアウトの期間1週間（4時間足×30本）、トレイリングストップ200pips」という設定で、約10年間のバックテストを行ったものです。

　モデリング品質は今までのバックテストと同様、問題ありません。スプレッドの設定も50point（5pips）と厳しいものです。

　純益は1,664,996円で、PF（プロフィットファクター）は1.65ですので、十分にエッジがあるといえる程度の値になっています。

　最大ドローダウンは21万円強と、初期証拠金100万円に対して21％強ありますので大きすぎる面があります。

　総取引数は323回で、1年間に30回程度のポジションを持ったことになります。

　勝率は46％程度とやや低めですが、平均勝トレードの利益が平均敗トレードの損失よりも大きく、損小利大のトレードになっています。

　資産推移曲線は綺麗な右肩上がりではなく、ややムラのある形となっていますが、おおむね資産の上昇が見られます。

　設定**1**のバックテスト（「bol-HLt」の元々の設定のバックテスト）と比較すると、設定**4**は純益が大きいですがドローダウンも大きいため、初期証拠金に対するポジションサイズを少し下げるほうが良さそうです。設定

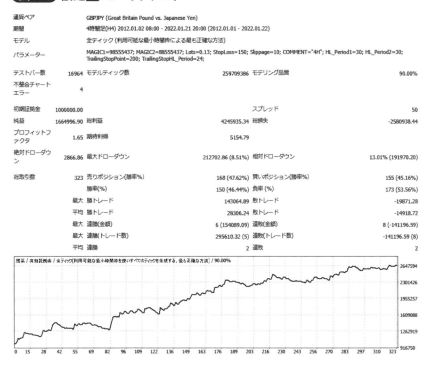

1 のポジションサイズは0.13ロットですから、設定 **4** を設定 **1** と同程度のドローダウンに収めようと思うと、0.10 〜 0.11ロットくらいにする必要があります。

図5-8 設定 4 のバックテスト

通貨ペア	GBPJPY (Great Britain Pound vs. Japanese Yen)			
期間	4時間足(H4) 2012.01.02 08:00 - 2022.01.21 20:00 (2012.01.01 - 2022.01.22)			
モデル	全ティック(利用可能な最小時間枠による最も正確な方法)			
パラメーター	MAGIC1=98555437; MAGIC2=88555437; Lots=0.13; StopLoss=150; Slippage=10; COMMENT="4H"; HL_Period1=30; HL_Period2=30; TrailingStopPoint=200; TrailingStopHL_Period=24;			
テストバー数	16964	モデルティック数	259709386	モデリング品質	90.00%
不整合チャートエラー	4			
初期証拠金	1000000.00		スプレッド	50
純益	1664996.90	総利益	4245935.34	総損失	-2580938.44
プロフィットファクタ	1.65	期待利得	5154.79	
絶対ドローダウン	2866.86	最大ドローダウン	212702.86 (8.51%)	相対ドローダウン	13.01% (191970.20)
総取引数	323	売りポジション(勝率%)	168 (47.62%)	買いポジション(勝率%)	155 (45.16%)
		勝率(%)	150 (46.44%)	負率 (%)	173 (53.56%)
		最大 勝トレード	143064.89	敗トレード	-19871.28
		平均 勝トレード	28306.24	敗トレード	-14918.72
		最大 連勝(金額)	6 (154089.09)	連敗(金額)	8 (-141196.59)
		最大 連勝(トレード数)	295610.32 (5)	連敗(トレード数)	-141196.59 (8)
		平均 連勝	2	連敗	2

設定 1 から設定 4 のロット数の取り扱い

ここまで、設定 **1** 〜 **4** の約10年間のバックテスト結果をお見せしました。いずれのバックテストも初期証拠金は100万円で、それに対するポジションサイズを0.13ロットとしています。

0.13ロットというポジションサイズは、通貨ペアが英ポンド／円なら1万3000ポンドのポジションを持っていることになります。このポジションサイズは日本円に換算すれば200万円程度の金額となりますから、100万円の証拠金に対して2倍程度のレバレッジをかけていることになります。

通常、国内のFXブローカーでは、口座としては25倍までのレバレッジを

かけられるようになっていますので、**2倍という数字は、レバレッジの大きさとしては非常に安全性が高い**（レバレッジが大きすぎて破綻する可能性はほぼない）ことが分かります。

　0.13ロットという中途半端な数字は、設定**1**のバックテストで純益とドローダウンを鑑みた上で、100万円に対して最も適切なロット数になるように設定したものです。設定**3**と設定**4**については、バックテストでのドローダウンがやや大きかったことから、実際に運用する際には100万円に対して0.10〜0.11ロットと、やや小さめのロット数にするのが良いだろうと述べました。設定**2**のドローダウンも設定**1**より大きめでしたが、設定**3**や設定**4**ほどには大きくなく、PFはかなり良いので、設定**1**と同じく100万円の証拠金に対して0.13ロットとするか、ほんの少しだけ小さくするかの選択になると思われます。

「Quant Analyzer」で複数設定の同時運用を分析する

　「bol-HLt」の設定**1**〜**4**を同時に運用した場合のバックテストは、MT4のバックテストだけでは検証することができません。そこで、「Quant Analyzer」というソフトウェアを利用します。Quant Analyzerは複数のバックテストを組み合わせて検証することができ、おまけに基本的な機能は無料で利用できるので非常に有用です。ただし英語版しかなく、慣れないと少し使いづらい面もあります（**図5-9**）。

図5-9 Quant Analyzerの操作画面

Quant Analyzerを用いて複数の「bol-HLt」を同時に運用したものとして、その結果について検証してみましょう。

［**Quant Analyzerによるバックテスト分析**］

検証内容　　➡︎　　「bol-HLt」のEAを4つ同時に運用（設定**❶**〜**❹**）

検証期間　　➡︎　　2012年1月1日〜2022年1月22日

初期証拠金　➡︎　　100万円 × 4 = 400万円（各EAにつき100万円）

ロット数　　➡︎　　設定**❶**と**❷**は0.13ロット。設定**❸**と**❹**は0.1ロット

　図5-10は、設定**❶**〜**❹**のバックテストのデータをQuant Analyzerに読み込み、4つのEAを同時に運用したものとして分析したものです。最も上の曲線が4つのEAの成績を合算したもので、下のほうの4本の曲線がそれぞれのEAの資産推移曲線です。グラフの数字が小さすぎて判読できませんが、縦軸は純益、横軸は時間（約10年）で、最下部のバーコード状の縦線は持ったポジションのロット数です（長い縦線は0.13ロット、短い縦線は0.1ロット）。

図5-10　4つのEAを合算した資産推移曲線

　グラフには記載されていませんが、**重要なデータとしては、初期証拠金400万円に対する約10年間の純益は4,665,686円、ポジションを持った回数は合計で1,004回、PFは1.71、単利運用での平均利回りは400万円の初期証拠金に対して11.57%**といったところです。

資産推移曲線にはムラがあるものの、直近6年間くらいはおおむね安定的に右肩上がりになっています。

図5-11は、4つのEAを同時に約10年間運用した場合のバックテストから、月ごとと年ごとの純益を示したものです。左端の数字が西暦で、右端の数字が年ごとの純益です。これもQuant Analyzerを用いて検証しています。

図5-11 月ごとと年ごとの純益

MONTHLY PERFORMANCE ($)

Year	Jan	Feb	Mar	Apr	May	Jun	Jul	Aug	Sep	Oct	Nov	Dec	YTD
2022	110429.61	0	0	0	0	0	0	0	0	0	0	0	110429.61
2021	-17550.12	235186.1	29601.98	-15158.3	51755.16	83618.62	-51617.44	-13083.31	-100178.56	160316.68	-57865.48	-6757.52	298267.81
2020	-81953.44	-72898.04	311429.52	21087.15	-64099.36	238106.01	-8919.7	68571.33	137094.77	-45002.23	18847.9	-194255.72	328008.19
2019	220844.96	-55614.02	51147.29	-120680.5	12680.22	2139.85	-50449.14	132463.72	108351.09	110688.26	-107951.14	163560.62	467201.21
2018	-6827.39	-54371.99	-57563.22	-6175.6	165533.15	-63411.57	42534.1	59383.34	110831.92	36959.39	44007.89	8236.76	279136.78
2017	111659.22	-24068.54	-54973.13	-64916.6	144187.58	31941.51	64778.22	72559.82	259601.22	-73243.01	-25815.5	14049.82	455760.61
2016	316749.14	283187.13	-90352.48	189680.76	-99391.04	68152.21	156096.64	84656.4	10061.74	109975.32	110616.42	17334.54	1156766.78
2015	95554.89	55898.32	448.11	-24101.13	85950.99	6495.54	71020.95	114109.78	-33548.39	-142590.14	-138513.8	-87078.5	3646.62
2014	128125.96	88553.06	-11653.58	-23388.42	-66360.5	-69404.04	-49254.62	1539	94767.06	150666.36	363524.1	10577	617691.38
2013	184966.56	74570.87	-3034.46	224171.64	76329.61	-111864.44	-128207.8	-49163.67	34187.46	-69871.08	51196.56	139624.53	422905.78
2012	68761.02	291434.82	-25402.66	-21258.3	42756.03	201085.23	-62392.36	-25439.28	-9797.35	-59081.28	65524.96	59680.65	525871.48

ここで注目したいのは、**月ごとの純益ではマイナスの月もあるものの、年ごとでは10年連続でプラス**ということです。トレンドフォローのトレード手法は、年によってプラスやマイナスのムラが大きかったりしますが、「bol-HLt」は2015年の純益が小さく翌2016年の純益が大きいという面はあるものの、それ以外の純益は安定しています。

2015年については、設定**4**のみ年間の純益がプラスで、設定**1**〜**3**は純益がマイナスでした。つまり、設定**4**のEAがほかのEAを補うように働いていることになり、単一の設定でトレードするよりも純益のムラが小さくなることが分かります。

ただし、一般的にEAを複数使ってトレードを分散する場合には、異なる通貨ペアを組み合わせたり、異なるトレード手法を組み合わせたりするものです。ここでは、英ポンド／円の1つのトレードルールに関して設定を分散しているだけですので、分散の効果はあまり強くないことをご承知おきください。

5-6 フォワードテスト（＝実運用）から見えてくること

「bol-HLt」のトレードルールは、実際には2018年10月時点からEAを用いて実運用を開始しています。**実運用はそれ自体がフォワードテストとしての価値がありますので、基本的に同じもの**として解説します。

　ただし、実運用をフォワードテストとして採用する際に困ることが1つあります。それは、実運用ではポジションサイズを変えてトレードする場合があり、損益がポジションサイズに依存してしまうため、PF（プロフィットファクター）を正確に計算しづらいことです。今回はやむを得ず損益の単位をpipsにすることでPFを計算しましたが、そのようにすることでEAごとのロットサイズの差が計算上はなくなってしまうため、あくまで概算の数字しか出せない面が出てきてしまいました。「bol-HLt」のEAのロットサイズは、設定❶・❷と設定❸・❹では、それぞれ100万円の証拠金あたり0.13ロットと0.1ロット（または0.11ロット）のように設定ごとに変えることをお勧めしましたが、フォワードテストではpipsでの検証となったため、すべて0.1ロットで固定するのと同じようなことになってしまいました。

　ここでは、2018年10月1日から2022年2月11日までのフォワードテストについてお伝えします。このフォワードテストは、次のように時期によって「bol-HLt」の設定❶〜❹が混ざった形での運用となっていますので順番に解説していきます。

期間A　→　2018年10月1日〜2019年9月28日（外為ファイネスト）
　　　　　　設定❸、設定❹の組み合わせ

期間B　→　2019年9月29日〜2022年2月11日（外為ファイネスト）
　　　　　　設定❶、設定❷、設定❸、設定❹の組み合わせ

期間 A

（2018年10月1日 ～ 2019年9月28日）

この期間のフォワードテストは、外為ファイネストのFX口座で「bol-HLt」のトレードルールを用いてEAでトレードしたものです（**図5-12**）。

期間Aの「bol-HLt」のEAの設定は、4時間足×30本の高値安値ブレイクアウトを基本とした設定**3** と設定**4** を用いています。

図5-12 期間Aのフォワードテストのデータ

日付	取引種別	数量	スワップ	損益	損益pips	累積損益	累積pips
2018年10月1日	buy	0.3	28	-18870	-62.9	-18870	-62.9
2018年10月12日	sell	0.3	0	-6930	-23.1	-25800	-86
2018年10月18日	sell	0.3	-236	-22440	-74.8	-48240	-160.8
2018年10月24日	sell	0.3	-973	51510	171.7	3270	10.9
2018年11月1日	buy	0.3	18	50820	169.4	54090	180.3
2018年11月15日	sell	0.3	-221	5850	19.5	59940	199.8
2018年11月20日	sell	0.3	-868	-15270	-50.9	44670	148.9
2018年11月22日	buy	0.3	0	-34350	-114.5	10320	34.4
2018年12月3日	sell	0.3	-1182	-630	-2.1	9690	32.3
2018年12月10日	sell	0.3	-387	-12390	-41.3	-2700	-9
2018年12月19日	sell	0.3	-770	38190	127.3	35490	118.3
2018年12月24日	sell	0.3	-1171	-1980	-6.6	33510	111.7
2019年1月2日	sell	0.3	-641	119850	399.5	153360	511.2
2019年1月11日	buy	0.3	0	-180	-0.6	153180	510.6
2019年1月15日	sell	0.3	0	-36060	-120.2	117120	390.4
2019年1月17日	buy	0.3	37	-24840	-82.8	92280	307.6
2019年1月23日	buy	0.3	60	51120	170.4	143400	478
2019年2月5日	sell	0.3	-1061	810	2.7	144210	480.7
2019年2月13日	buy	0.3	45	-14790	-49.3	129420	431.4
2019年2月14日	sell	0.3	-207	-13950	-46.5	115470	384.9
2019年2月19日	buy	0.3	0	1020	3.4	116490	388.3
2019年2月25日	buy	0.3	45	77130	257.1	193620	645.4
2019年3月7日	sell	0.3	-380	36690	122.3	230310	767.7
2019年3月20日	sell	0.3	-877	20580	68.6	250890	836.3
2019年4月8日	sell	0.1	0	-5540	-55.4	245350	780.9
2019年4月9日	sell	0.1	-232	-15080	-150.8	230270	630.1
2019年4月12日	buy	0.1	183	-15010	-150.1	215260	480
2019年6月7日	buy	0.15	68	-6000	-20	209260	460
2019年6月7日	buy	0.13	209	-17953	-138.1	191307	321.9
2019年6月14日	sell	0.15	-221	5550	37	196857	358.9
2019年6月14日	sell	0.13	-192	2613	20.1	199470	379
2019年7月1日	buy	0.13	54	-19513	-150.1	179957	228.9
2019年7月1日	buy	0.15	63	-14445	-96.3	165512	132.6
2019年7月15日	sell	0.1	-1063	53860	538.6	219372	671.2
2019年7月15日	sell	0.15	-420	11700	78	231072	749.2
2019年7月24日	buy	0.15	84	-5655	-37.7	225417	711.5
2019年7月25日	buy	0.15	28	-12375	-82.5	213042	629
2019年7月29日	sell	0.15	-535	53850	359	266892	988
2019年8月9日	sell	0.14	-487	-21168	-151.2	245724	836.8
2019年8月9日	sell	0.16	-158	-3088	-19.3	242636	817.5
2019年8月22日	buy	0.14	50	-21140	-151	221496	666.5
2019年8月22日	buy	0.16	29	-6528	-40.8	214968	625.7
2019年9月2日	sell	0.15	-64	3660	24.4	218628	650.1
2019年9月2日	sell	0.12	-51	2976	24.8	221604	674.9
2019年9月9日	buy	0.1	91	-2280	-22.8	219324	652.1
2019年9月9日	buy	0.07	169	11907	170.1	231231	822.2
2019年9月13日	buy	0.1	113	4180	41.8	235411	864
2019年9月23日	sell	0.07	-775	11711	167.3	247122	1031.3
2019年9月23日	sell	0.1	-493	4220	42.2	251342	1073.5

また、後述する期間Bの分析はQuant Analyzerを用いることで資産推移曲線などが簡単に得られましたが、期間Aについては、外為ファイネスト側の配信サーバーの変更によってQuant Analyzerで利用できるデータが取得できなかったため、Excelに直接データを打ち込んで資産推移曲線を作成しました。

期間Aの利益は3015.2pips、損失は1941.7pipsで、累積の純益は1073.5pipsでした。PFは1.55となりました。pipsを単位とした資産推移曲線（**図5-13**）は、2019年7月ごろにいったんドローダウンが見られるものの、フォワードテストの結果としては悪くない内容となりました。

図5-13 期間Aのフォワードテストの累積pips

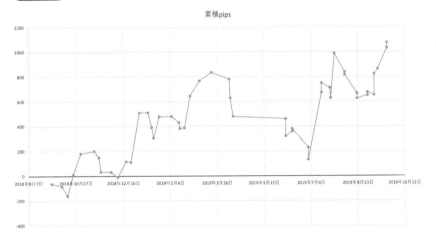

期間B
（2019年9月29日～2022年2月11日）

この期間のフォワードテストは、外為ファイネストのFX口座であることは期間Aと同じですが、私自身の事情で、別の名義のFX口座に変更しています。トレードルールは「bol-HLt」のEAを使用し、設定**1**～**4**のすべてを組み合わせて運用しています。

図5-14は、期間BのフォワードテストのデータをQuant Analyzerに読み込んで分析したものです。資産推移曲線の縦軸は純益（pips）、横軸は時間（約2年4カ月）で、最下部の縦線は持ったポジションのロット数です（右の

ほうでロット数が大きいのは、FX口座に資金を追加してロットサイズを大きくしたからです）。

　グラフに記載されていない重要なデータとしては、期間Bのフォワードテストにおける純益は5707.7pips、ポジションを持った回数は合計で206回、PFは1.57といったところです。この資産推移曲線にはムラがあるものの、おおむねバックテストと同様の資産推移となっています。

図5-14 期間Bのフォワードテストの資産推移

　図5-15は、期間Bのフォワードテストのデータから、月ごとと年ごとの純益を示したものです。左端の数字が西暦で、右端の数字が年ごとの純益（単位はpips）です。これもQuant Analyzerを用いて検証しています。2年4カ月ほどのデータですが、年ごとの純益はやはりプラスです。

図5-15 期間Bのフォワードテスト　月ごとと年ごとの純益

MONTHLY PERFORMANCE (PIPS)

Year	Jan	Feb	Mar	Apr	May	Jun	Jul	Aug	Sep	Oct	Nov	Dec	YTD
2022	1093.9	-173.8	0	0	0	0	0	0	0	0	0	0	920.1
2021	-201.3	1047.2	282.2	-229.3	0	1204.7	-283.6	-405.5	-567.9	1167.9	-198.5	-58.5	1757.4
2020	-613	-29.7	894.5	-118.3	-227.5	1798.2	150.2	426	683.4	-162.6	260.6	-1476.3	1585.5
2019	0	0	0	0	0	0	0	0	-13.8	1039.2	-254	673.3	1444.7

　また、期間Bでは、Quant Analyzerだけでなく、株式会社ゴゴジャンのサービスの1つである「REAL TRADE」というサイトも利用してデータの検証を行いました（**図5-16**）。REAL TRADEは、FX口座のアカウントをサイトに登録すると、そのFX口座の資産推移や獲得pips、EAの特性などが分か

るようになります。自動で結果を計算してくれるのはもとより、トレード記録を詐称できないというメリットもあるため、私は、ここ数年はこのサービスでトレードの記録をしています。

図5-16 期間Bのフォワードテスト（REAL TRADEより）

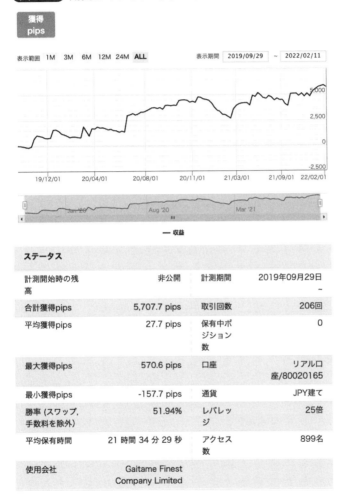

ステータス			
計測開始時の残高	非公開	計測期間	2019年09月29日 ～
合計獲得pips	5,707.7 pips	取引回数	206回
平均獲得pips	27.7 pips	保有中ポジション数	0
最大獲得pips	570.6 pips	口座	リアル口座/80020165
最小獲得pips	-157.7 pips	通貨	JPY建て
勝率 (スワップ、手数料を除外)	51.94%	レバレッジ	25倍
平均保有時間	21 時間 34 分 29 秒	アクセス数	899名
使用会社	Gaitame Finest Company Limited		

期間Aと期間Bの最大の違いは、期間Aでは設定**3**と設定**4**でしかトレードしていないのに対して、期間Bでは設定**1**～**4**まですべての設定を用いてトレードしていることです。また、期間Aは約1年なのに対し期間Bは2年4カ月以上と、2.4倍くらいの長さがあります。

設定 **3** と設定 **4** は4時間足×30本の高値安値ブレイクアウトを主な手法としていますが、設定 **1** と設定 **2** は4時間足×120本の高値安値ブレイクアウトを主な手法としており、**設定 1 ～ 4 の4つの設定を同時に運用したほうが「時間的な分散」を図れると同時に、トレードのチャンスが増えるメリットがあります。**「bol-HLt」は、ほかの通貨ペアをトレードせず英ポンド／円のみで運用していますので、元々少ないトレードチャンスを時間的分散によってできるだけ増やすことは良いことだと判断しています（ほかの通貨ペアで同じトレードルールを採用するとしても、損切り幅やトレイリングストップの幅の設定などは別件として研究する必要があります）。

　これらのフォワードテスト（実運用）では4つの設定を組み合わせてトレードしているため、それぞれの設定における詳細な検証はできていませんが、損小利大のトレード結果や、階段状で右肩上がりの資産推移曲線など、基本的には4つの設定のバックテストの組み合わせと矛盾のないものになっています。

Miwa's MEMO

GogoJungle

FXトレード、特に自動売買のトレードをメインとしているトレーダーにとって、株式会社ゴゴジャンのWebサイト「GogoJungle」は、とても興味深いものです。先ほど、同サイトで提供されている「REAL TRADE」というサービスに触れましたが、それはほんの一部で、GogoJungleでは多数のEA、カスタムインジケーターのほか、トレードを勉強するための教材の販売なども行われています。Chapter 6で取り上げる「EAつくーる」も、このサイトで販売されているものです。

ただし、数々のEAが販売されていますが、すべてが良いものというわけではありません。数千円から数万円で販売されているものが多く、決して安い買い物ではありません。十分な情報収集をせずに安易に手を出すようなものではありませんので、その点は気をつけてください。

Chapter6

トレードの自動化に挑戦する

私は、自分自身のトレード手法・トレードルールを開発することがトレーダーとしての1つの目標になると考えています。さらに進歩するためには、可能な範囲で自分のトレードを自動化することをお勧めします。ただし、どうしても自動化できないトレードルールもあります。そういうときは自動化の限界を知った上で部分的に自動化することもできます。

6-1　FXトレード自動化の考え方

なぜトレードを自動化しようとするのか？

　株式投資にせよ先物取引や為替取引にせよ、ある銘柄を買ったり売ったりする行為を人間が直接行わずに機械やプログラムが自動で行うことについては、昔から一定の需要がありました。その需要を惹起する理由は、「作業を減らして楽にトレードしたい」ことと、「より多く利益を得たい、大きく勝ちたい」ことに大別できます。

　これは、クルマの自動運転の領域でいえば、「楽に移動したい」需要と「安全に運転したい」需要があるのと似ています。つまり、**「作業の軽減」と「品質の向上」という2つの相反する目的を追究しようとする需要**であり、一般的にこの2つの目的を追究することは、人間が自ら作業を行う場合、努力だけでは限界があることが知られています。

　あらゆる作業に関して、機械やプログラムによる自動化が進んだり、少なくとも最終的に人間が行う行為を機械やプログラムが補うことが多くなり、ここ10〜20年で大きく進歩しています。

　では、株式投資や為替取引の分野で自動化が進んでいるのかというと、半分は正しく、半分は間違っているといえます。なぜなら、たとえば株式の分野では大手の取引会社がHFT（High Frequency Trading／高頻度取引）と呼ばれる自動売買を行っていることは有名ですが、かといって個人レベルの投資家が株式のトレードを自動化している例は、日本ではあまりないからです。

　為替取引の分野では、株取引と比較すると個人レベルでもトレードの自動化はかなり進んでいます。それは、「トレードを自動化するためのソフトウェア」の存在に関係があります。為替取引では**MT4（メタトレーダー4）**がFXトレーダーの間で普及しており、自動売買のシステムを**EA（自動売買のルールを記述したMT4用のプログラム）**として比較的簡単に取り入れることができます。

　実は、英語圏では株取引も「トレードステーション」というソフトウェア

を用いると自動化しやすいのですが、日本国内の証券会社で国内株式の取引にトレードステーションを利用できる口座は今のところないので（以前はありましたが）、現状では普及はやや難しいと思います。

トレードを自動化することで大衆心理と対峙する

為替の世界では、大衆心理の総体として価格と値動きが形成され、それがチャートとして表現されていることを述べてきました。人間自身や、人間が作り出したシステムがトレードしている以上、世界中の大衆心理の総体が、たった1つのチャートを作り出しているのだといえます（ただしブローカーごとにチャートの差は少しあります）。

小さな個人としての私たちは大衆心理を形成する一部ではありますが、実際にはあまりにも小さな存在であり、私たちトレーダーがチャートに影響を及ぼすことは通常はあり得ません。ただし、大衆心理が作り出すチャートの癖をつかみ利用することで、市場から利益を抜き出すことは可能です。そういうトレード手法が「エッジのある」手法ということを、主に Chapter 3 で述べました。

トレードの自動化というのは、そのトレードルールにエッジが存在する場合に利益を正確に抽出する目的を含んでいます。大衆心理と対峙する私たちは、**大衆心理が作り出すチャートを詳細に分析してエッジのあるトレードルール作り出し、そのルールを完全に履行することで、かなり高い確率で利益を得ていくことができる**はずです。私がトレードの自動化を強くお勧めするのは、完全な自動化にはそういう目的があるからです。

トレードの自動化には種類と段階がある

トレードの自動化には、完全な自動売買（または自動取引）と表現できるもの以外にも色々な種類や段階があります。

1 人がトレードする前の準備段階であることを示すプログラム
2 手動でトレードするためのサインをプログラムが出すもの
3 ポジションを持つ時は人が注文し、決済だけ自動化したもの
4 完全な自動売買

1 は、基本的には人が直接トレードしますが、「上昇トレンド中に押し目となった」など、トレードするタイミングが近づいたことをプログラムが人に知らせるものです。最終的なトレードは人が裁量で行います。これは自動売買とはいえず、裁量トレードのための補助ツールのようなものです。

2 は、インジケーターなどで「買い」「売り」などのタイミングを示すようにして、そのサインを人に伝え、人が手動でトレードする方法です。この方法では、ある程度はトレードルールに従うようにトレードできますが、サインの発生とそれを受け取る人間の間で必ずタイムラグが存在してしまいます。

3 は、ポジションを持つ時は人間が判断して注文を入れますが、ポジションの決済は完全にプログラムに任せて自動化するものです。トラップリピートイフダン（トラリピ）やiサイクル注文などといった「リピート系自動売買」も、このタイプの自動化に分類できます。なお、「リピート系自動売買」は一般的には完成されたトレードルールではないので、通常はバックテストはできません。

4 は、完全な自動売買ですので、いったんプログラムを走らせてしまえば、機械的なトラブルやプログラムのバグなどがない限りは自動でトレードされます。そして、本当の自動売買というのは **4** に合致したもののみを指します。

自動化を誰でもできる環境が整っている

株取引を自動化することが難しい理由として、トレードステーションなどの自動売買システムを作りやすいソフトウェアが日本で普及していないことのほかに、**株取引そのものが自動売買に向いていない性質**であることも挙げられます。

たとえば、株の売買注文は約定するまでに時間がかかったり、注文が通らなかったりすることがたびたびあります。これは市場が小さいためにありがちなことで、買いたい時に売主が現れないと買えませんし、売りたい時に買主が現れないと売れません。また、ストップ安やストップ高でも売買ができません。つまり、注文が瞬間的にほぼ100％通ることは、まずないと考えるほうが良いでしょう。これでは自動売買のシステムが上手く稼働できませんし、プログラムで規定したトレードルールとかけ離れてしまいます。

それと比較してFXトレードは自動化することにとても向いています。一番大きな理由は、**買い注文も売り注文も瞬間的にほぼ100％通る**ことです。

指値や逆指値を使わずに成行で注文した場合でも、注文を入れた瞬間に九分九厘通ります。買い手も売り手も無尽蔵に存在する巨大なFX市場で、注文は通ることが当たり前だからです。ストップ安やストップ高の概念もなく、平日は24時間トレードできますので自動化しやすい環境といえます。

その上、無料でMT4を利用できるブローカーは国内だけでも10社程度ありますし、海外も含めると数えきれないほど存在します（ただし、本書では国内のFX口座をお勧めします）。また、現在ではMT4をバージョンアップしたMT5（メタトレーダー5）を利用できるFXブローカーも徐々に増えています。

様々な理由によってFXトレードの自動化はハードルが低いものとなっています。

FXトレードを完全に自動化するメリット

FXトレードを完全に自動化することには、どんなメリットがあるのでしょうか。

以下はChapter 3で触れたことです。ここでは説明を付け足します。

- ■ ほかのことをしていても（寝ていても）トレードできる
- ■ トレードルールをバックテストで簡単に検証できる
- ■ トレードルールを正確に守ることができる
- ■ 感情に左右されずにトレードできる

ほかのことをしていても（寝ていても）トレードできる

たとえば株のデイトレードをやっている人は、前場や後場の時間は食い入るように値動きを見ていますから、ほかのことを同時に行うのは難しいと思います。FXでもスキャルピングやデイトレードを行うトレーダーはチャートに張り付きます。

また、複数のトレードルールを運用する場合も、同時に動かせるルールはあまり増やせないものです。2つか3つのルールなら何とかなりそうですが、10個のトレードルールともなると1人で運用することはかなり難しいでしょう。

こういった状況と比較すると、自動売買のシステムを利用することはト

レードの作業を恐ろしく減らしますから、トレードしながらまったく関係のないこともできますし、多くのトレードルールを同時に運用することもできます。

　そして、**圧倒的なメリットとして、よく眠れる**ということがあります。トレードルールを完全自動で正確に運用できるのであれば、そのトレードに触れる必要すらないからです。

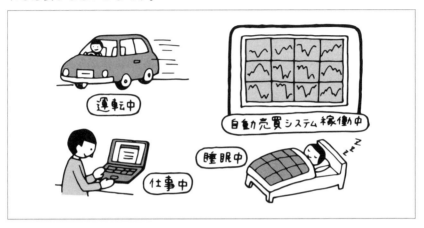

トレードルールをバックテストで簡単に検証できる

　バックテストを行うこと自体は、手動トレードでも自動トレードでも理論的にはどちらも可能です。ただし、手動でバックテストを行うのは過去1年分か2年分くらいは可能だとしても、5年とか10年などの長期のバックテストを手動で行うことは困難です。手間と時間がかかりすぎます。

　完全に自動化したトレードの場合、通常はバックテストも自動化できます。特にMT4のEAとして自動化した場合は、**MT4の元々の機能として10年以上の長期のバックテストも比較的簡単にできます**。

トレードルールを正確に守ることができる

　FXトレードで長期的に勝つためには、エッジのあるトレード手法・トレードルールを継続することがとても重要です。せっかくエッジのあるトレードルールを開発しても、そのルールが守られないものだとすれば、それはルールとしては不完全ということになってしまいます。

　プログラムによる自動売買では、トレードルールそのものをプログラミン

グしますから**再現性はほぼ100％となります**。完全に100％にならないのは、コンピュータの挙動の遅れ、通信の遅延のほか、ブローカーのトラブルなど想定できない問題が起きることもあるからです。ただし、多くの問題は人が手動でトレードする場合でも起きることですから、少なくとも手動のトレードよりは自動売買のトレードのほうがトレードルールの再現性は100％に近づきます。

感情に左右されずにトレードできる

　基本的に、トレードを行う上で感情は敵です。Chapter 2で述べましたが、感情や気分の変化によってトレードにムラが生じたり、判断力が低下してミスが増えたりします。特に「恐れ」や「不安」は、手動で取引するトレーダーが勝てない大きな要因となります。

　完全に自動化することができれば、感情や気分の影響を排除してトレードできます。

トレード自動化のためにVPSの力を借りる

「VPS」は、「バーチャル・プライベート・サーバー（Virtual Private Server）」の略です。大雑把に訳せば「仮想的な、個人の、ネットワーク上のコンピュータ」となりますが、一言でいうと、ネットワーク上（クラウド）に自分のPCを持っている状態となります。そのクラウドにある端末（＝VPS）は、手元のPCやスマホからアクセスして操作できます。

　手元のPCからVPSにアクセスすると、まるで自分のPCを扱うかのように操作することが可能です。インターネットにアクセスできるPCやスマホがあれば世界中のどこからでもVPSを操作できます。

　このVPSというクラウドの端末が、トレードの自動化のためにとても有効に使えます。具体的には、**VPS上でMT4とEAを常に稼働させることができます**。

　たとえば、家庭のPCが停電で電源が落ちてしまうような場合でも、VPS上のMT4の稼働ができなくなったりEAによる自動売買が止まってしまったりすることがまったくないので、安全に自動売買を続けられます。MT4でEAを稼働して自動売買を行う場合にはVPSは必須といえるものです。ただし、VPSはインターネット回線を通じて操作するので、若干のタイムラグが生じることが多いです。

トレードの自動化のほかにも、通常のPC作業がVPS上でできますので、PC仕事をVPSによって行うこともできます。手元のPCで何らかの作業をしながら、VPS上で別の作業を並行して行うこともできます。たとえば、MT4のバックテストのように非常に時間がかかる作業をVPS上で実行させておくことで、手元のPCには負荷をかけずに作業ができます。その場合、VPSと手元のPCの通信を遮断していても作業が進みますので（途中で何らかの操作が必要な場合には、いったんVPSにアクセスする必要があります）、2台のPCに上手く作業を分散することが可能です。

　VPSの料金は、1カ月あたり2,000〜4,000円くらいです。ちょっと高いようにも感じますが、MT4とEAを安定的に稼働するためには、ぜひとも導入することをお勧めします。私は常に2台または3台程度のVPSを借りていますが、これはあまりに多くのEAを利用する場合には1台のVPSだけではメモリが足りなくなるなど、キャパシティの問題があるからです。

　VPSを扱う業者はいくつもあります。業者間でサービスの質に大差はないと思いますが、私は老舗サービスの「お名前.comデスクトップクラウド」を利用しています。

6-2　トレードルールを自動化する方法

トレードルールを自動化するにはMT4のEAを作る

　トレードルールを自動化する上で最も一般的な方法は、MT4のEA（Expert Advisor）を自分で作ることです。EAはMT4にインストールして利用するプログラムの一種です。EAのソースコードを記述するためのプログラミング言語を「MQL4」といいます。MT4の生みの親であるメタクオーツ社が開発したプログラミング言語です。

　また、MT4ではなくMT5でもトレードルールの自動化は可能ですが、**現在のところMT5を利用できるFX口座は少ないので、現状はMT4を利用するほうが良い**でしょう。ただしMT5のほうが多機能で、バックテストのスピードも速いなどのメリットがありますので、今後はMT5も視野に入れておくのが良いと思います。MT5のEAは、MQL5というプログラミング言語で

作成します。残念ながらMQL4とMQL5の間に互換性はありません。

　MQL4でプログラムを記述する際には、通常は「メタエディタ」と呼ばれるエディタを使います。エディタは、プログラムや文章を記述するためのソフトウェアの一般的な呼び名です。メタエディタはMQL4を記述するのに特化したエディタで、コンパイルすればすぐに実行ファイルとしてのEAファイルが作られ、そのEAはそのままMT4にインストールされるので便利です。

　図6-1はメタエディタの画面で、右側の大きなウインドウのなかに記載されているアルファベットの文章のようなものがMQL4で記述したソースコード（プログラム）です。

図6-1　メタエディタとソースコード

　EAを自分で開発することは、実は結構高いハードルがあります。プログラミング言語としてのMQL4は、C言語でのプログラミングにある程度慣れている方にとってはそれほど難しくないようですが、私も含めてプログラミングに馴染みがない人にとっては簡単に覚えられるものではありません。そのため、EAを開発するための市販のツールを利用します。

プログラミングが分からなくてもツールがあれば問題なし

　私は、EAの開発のためにゼロからソースコードを書くことはありません。EA作成ツールを利用してほとんどの部分を作り、そのあとでEAのソースコードに手を加えて仕上げるようにしています。もちろん、プログラミング

149

に強い人はゼロからソースコードを書くのも良いと思いますが、**プログラミングに馴染みがない場合には、EA作成ツールを利用することを強くお勧めします。**

　私は、EA作成ツールとして「**EAつくーる**」と「**MT4EAエディタ**」を利用しています。前者は株式会社ゴゴジャンが、後者は日野ソフトウェアが販売しているものです。どちらも有料のツールですが、ある程度複雑なトレードルールでも作成可能です。ただし、インターネットで「EA作成　ツール」などと検索すれば、ほかにも同様のツールは見つかりますし、なかには無料のものもあります。

　また、EA作成ツールにはそれぞれ特性や癖があり、ツールによってできることとできないことがあります。「EAつくーる」と「MT4EAエディタ」の使用感は、EAつくーるは使い勝手がシンプルですが複雑なトレードルールには対応しづらく、MT4EAエディタはより高度な演算が必要なトレードルールでもEAを作成できるという印象です（あくまで個人的な感想です）。ここでは、私が主に利用しているEAつくーるについて簡単に触れます。

ゼロからスタートしやすい「EAつくーる」

　EAつくーるは、MQL4のソースコードを書かなくても、ゼロからEAを作れるEA作成ツールの1つです。初心者でも扱いやすく、誰にでもお勧めできるツールです。

　図6-2は、EAつくーるの一番メインとなる画面です。ここでは、ポジションを持つための条件とポジションを決済する条件を、インジケーターや数式を用いて作っていきます。

　たとえば、「0本前（現在足）のローソク足終値 > 0本前（現在足）の期間14のボリンジャーバンド＋2.3σ」というような条件を作成すると、不等号の左側と右側が条件を満たした場合にロングポジションを持つとか、あるいはポジションを決済したりするというわけです。

　このように日本語で条件を作成できるので、自分でソースコードを書かなくてもOKです。もちろん、ツールが出力したソースコードを見てMQL4を学んだり、ツールが出力したソースコードを自分で少し改造したりすることもできます。

　また、マニュアルは無料でダウンロードできますので、購入前にじっくり吟味することもできます。

　図6-2の上のほうに「ポジション1」「ポジション2」というタブがありま

す。私の場合、ポジション1をロングポジション、ポジション2をショートポジションの設定にしています。このように、ロングとショートのそれぞれのポジションを「1つのEAのなかの別のポジション」として作成すると分かりやすくて良いと思います。

図6-2 EAつくーるの操作画面

　EAつくーるは、期間を設定してアカウントを購入するシステムになっています。6カ月間や1年間など利用できる期間の権利をゴゴジャンのWebサイトで購入します。1つのアカウントで2台までのPCで利用できます。
　使い慣れると、かなり複雑な条件を設定することもできますが、唯一難しいのは「＋」「－」などの演算子を組み合わせることです。たとえば、「現在のローソク足の終値＋5pips ＜ 過去10本のローソク足の最安値」というような条件の場合、「＋5pips」という部分を作成するのが難しく、ほかの方法を考える必要があります。私は、EAつくーるで作成したソースコードを少し書

151

き換えたりすることで対応しています。

　MT4EAエディタだと、このような演算子を含む条件は比較的簡単に作成
できるので、EAつくーるで限界を感じた場合にはMT4EAエディタを試して
みるのも良いと思います。

EA作成には必ず困難がある

　EAを作成する時には、必ずいくつかの壁にぶつかります。それは、EA作
成ツールを使うことによる限界の場合もありますが、トレードルールをプログ
ラムに落とし込むことの困難さの場合もあります。

　また、トレードルールをEAとしてプログラミングする際の「コツ」のよ
うなことも多くあります。たとえば、**MQL4ではインジケーターの値を比較
するような条件の場合には比較的シンプルに条件の設定が可能**です。例を挙
げれば「1本前のRSIの終値が80を超えた場合に、ショートポジションを持
つ」というような条件の場合で、ここでの「1本前」の1本というのはロー
ソク足の本数と同様に考えてください。15分足1本のことなのか、4時間足1
本のことなのか、というような時間設定についても比較的簡単に設定できま
す。

　逆に、**単純に数字の設定のみで定義できないような条件の場合には、それ
なりの工夫が必要**です。例を挙げれば「下降トレンド中に、1本前のRSIの
終値が80を超えた場合に、ショートポジションを持つ」というような場合で
す。「下降トレンド中」というところがポイントで、それをどのような条件と
して定義するのかが問題となります。

　このようにEAをプログラミングする上でのコツや、どのように条件を定
義するべきか難しいものなどについて、いくつか実例を挙げてみます。

上昇トレンド、下降トレンドの判断

　一般的に、トレンドを判断する方法として次のような条件を設定する場合
があります。

例　現在時点での、短期の移動平均線と長期の移動平均線の上下関係を利
用してトレンドの方向を定義します。「短期の移動平均線 ＞ 長期の移動
平均線」なら「上昇トレンド」と定義します。また、「短期の移動平均線 ＞
中期の移動平均線 ＞ 長期の移動平均線」という3本の移動平均線を比較す

ることで、トレンド判定の確度を高くすることもできます。

例 現在時点の価格に対して、ローソク足1本前、2本前、3本前などの終値の大きさを比べて、上昇トレンドなら「1本前 ＞ 2本前 ＞ 3本前」というような条件を設定します。下降トレンドなら「1本前 ＜ 2本前 ＜ 3本前」と設定します。また、ローソク足の時間の指定も可能なので、トレード自体は15分足や1時間足のローソク足で計算するようなタイプのEAでも、より大きなトレンドの判断については4時間足や日足を利用するといったことも簡単にできます。

例 ある時点での、オシレーター系インジケーターの値を利用します。たとえば「RSI ＞ 70」なら上昇トレンドと判断する、あるいは「RSI ＞ 70」に加えて2つの時点でのRSIを比較して、「1本前のRSI ＞ 2本前のRSI」なら上昇トレンドと判断する手などがあります。

もちろん、上記の例以外にも上昇トレンドなのか下降トレンドなのか（またはレンジ相場なのか）を判断する方法はいくつも考えられます。つまり、プログラムのなかでトレンドの存在を判断する場合には自分なりの工夫が必要になるということです。

ボラティリティの大きさの判断

ボラティリティは、値動きの幅の大きさ、値動きの激しさなどを表す言葉です。値動きの差益を得るトレードが基本のFXでは、ボラティリティが大きいほど利益を得やすい面があります。そのため、ボラティリティが大きい時にだけトレードするようなフィルタリングを利用することがあります。

また、ボラティリティが大きい時は損切りの幅を広くしたり（ボラティリティが小さい時は損切りの幅を狭くしたり）することで損切りの大きさを相場の値動きに合わせることもあります。

例 ボラティリティの大きさを判断するのに最もシンプルな方法は、ATR（Average True Range）というインジケーターの値を確認することです。ある一定の値より大きい、小さいでボラティリティの大きさをチェックできます。

例 ローソク足がボリンジャーバンドの2σや3σを上に越えたり、−2σや−3σを下に越えたりする場合に、ボラティリティが大きいと判断することが可能です。同様に、ローソク足がエンベロープを上か下に越える場合もボラティリティが大きいと判断することができます。ただし、ボリンジャーバンドとエンベロープではインジケーターの形がかなり違うので、そこで定義されるボラティリティ自体も、かなり違ってくることになります。

例 CCI（Commodity Channel Index）は日本ではあまり馴染みのないインジケーターですが、欧米では人気があります。MT4にも元々用意されているインジケーターの1つです。CCIは、移動平均線からの乖離率を見ていると考えると分かりやすいです。

　CCIが150や200以上だと、価格が移動平均線から強く乖離して上昇していると判断し、−150や−200以下だと、価格が移動平均線から強く乖離して下降していると判断します。ボラティリティが大きくなりつつあるタイミングを検出するための良い指標となります。

戦略的なポジション決済のための工夫

「FXはポジションを持つタイミングも重要だが、ポジションを決済するタイミングはさらに重要だ」と、よくいわれます。私も本当にその通りだと思います。

　ある程度の含み益が生じれば大抵の人は利益確定したくなります。Chapter 2で述べたプロスペクト理論から、「人間は、利益を大きく伸ばすのが苦手で、損切りを早めに行うことも苦手」なことが分かっていますから、それを鑑みた上で戦略的に利益確定をしていかないといけません。

　EAによって自動化したからといって完璧なポジション決済をすることなど不可能ですが、利益確定と損切りをある程度コントロール下に置くことはできます。どのような決済のルールが利益確定と損切りのコントロールを可能

にするのか、いくつか例を挙げてみます。

（例）特定の損失幅での損切りは悪くないルールですが、特定の利益幅での利益確定はお勧めできません。利益を伸ばすことが長期的に勝つために必要なことなのに、それを遮ってしまうことが多いからです。たとえば、特定の利益幅として100pipsの利益が発生した時点で利益確定するルールだとすれば、同じポジションがもっと未来には300pipsまで利益が得られたのかもしれないのに、それを無視したことになってしまいます。

（例）トレイリングストップは、ポジションの決済に関して良い選択肢の1つです。Chapter 5でも触れましたが、順張りのトレードルールにおいてトレイリングストップはシンプルかつ戦略的なルールの1つとなります。EAつくーるでは、トレイリングストップをEAに組み込む設定が簡単にできます。

（例）オシレーター系のインジケーターの値を利用した決済はバリエーションも多く、色々と試してみる価値があります。オシレーター系のインジケーターの特性として、上昇トレンドが発生している時には上のほうに張り付き、下降トレンドが発生している時には下のほうに張り付いてしまうことが多いのですが、それを利用して、張り付いている状態が維持されているうちはポジションを持ち続けて、張り付いている状態が終わった時点でポジションを決済することで利益幅を伸ばすことが可能になります。

　図6-3を見てください。上段はローソク足（4時間足）、中段はMACD、下段はストキャスティクスを示しています。左のほうの矢印のあたりから上昇トレンドとなり（そのどこかでロングポジションを持ったとして）、MACDとストキャスティクスは上のほうに張り付いていますが、それぞれ☆印のあたりで張り付きは終了しています。つまり、ロングポジションを☆印のあたりで決済すれば良いということです。

　このようにオシレーター系のインジケーターを利用することで、ポジションを安易に小さな利益で確定せず、できるだけ利益を伸ばすようなトレードルールにすることが可能です。

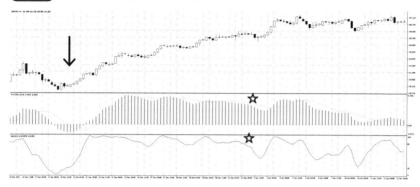

図6-3 オシレーター系インジケーター（MACD、ストキャスティクス）

曜日、週末、時刻などの設定

　EAを作成する時に、ある曜日にポジションを持ちたい、週末に入る前にポジションを決済したい、ある時間だけポジションを持ちたい（たとえばニューヨーク時間だけトレードしたい）など、「時間帯」に関連した条件を設定したくなることがよくあります。EAつくーるでは、比較的簡単に条件をEAに取り入れることが可能です。

　ただし、週末に入る前、つまり金曜日の終わりごろにポジションを決済してしまうルールは、スキャルピングやデイトレードでは常識ですが、スイングトレードのトレードルールで、なおかつレバレッジを大きくかけていないなら、無理に決済しないほうが良い場合も多いです。私自身、自分のトレードルールで週末の直前にポジションを決済する場合と決済しない場合とで比較したことがありますが、私のトレードルールでは、決済しないほうが明らかに良い結果となりました。

現在のローソク足か、1本前のローソク足か

　色々とEAを作っていくと迷う場面がいくつも出てきますが、そのなかでも、ある条件を「現在のローソク足」、つまりまだ確定していない足で判断するか、「1本前の確定したローソク足」で判断するかは常に迷うところです（もちろん、2本前や3本前のローソク足で条件を作ることもありますが、過去に確定した足という意味では1本前のローソク足と同様のものといえます）。

たとえば、「期間14の単純移動平均線を下から上に越えたらロングポジションを持つ」という条件をイメージしてください。**図6-4**の図A、図Bは、それぞれ期間14の単純移動平均線をローソク足が下から上に越えている状況を示しています。

図6-4 現在のローソク足と1本前のローソク足

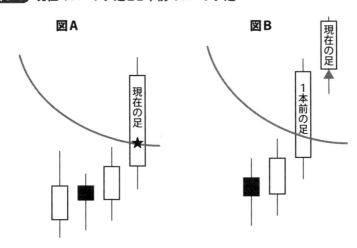

図A　　　　　　　　　　　　　　　図B

現在の足

Chapter
6
トレードの自動化に挑戦する

　図Aは、「期間14の単純移動平均線を、『現在のローソク足が』下から上に越えたらロングポジションを持つ」という条件の場合です。現在のローソク足が★印のところで移動平均線を越えた時点でロングポジションを持ちますが、まだローソク足が確定していません（現在のローソク足は、まだ動いている）。つまり、まだ確定していない現在のローソク足の動きをEAがリアルタイムで観察し、★の時点でロングポジションを持つことになります。

　それに対して図Bは、「期間14の単純移動平均線を、『1本前のローソク足が』下から上に越えたらロングポジションを持つ」という条件の場合です。すると、ローソク足が移動平均線を越えた瞬間は、まだ「現在のローソク足」のためポジションを持たず、そのローソク足が確定して新たなローソク足がスタートした時点で、はじめて移動平均線を越えたローソク足が「1本前のローソク足」として認識できるようになります。そのため、その瞬間、つまり▲印の時にロングポジションを持つことになります。

　このように、現在のローソク足を条件に採用する場合と、1本前のローソク足を採用する場合では、実際に条件を満たすタイミングが変わってしまうため、図6-4のようにロングポジションを持つ時の価格が変わってしまい

ます。一般的に、現在のローソク足（図A）のほうがより有利な価格でポジ
ションを持てますが、より鋭敏に条件を満たしてしまうため、そのあとに値
動きが逆行してしまう（ダマシなどともいう）ことで上手くいかないことも
多くなります。

　一方、1本前のローソク足を条件に採用すると、ポジションを持つタイミ
ングが遅くなり、価格としては不利になってしまうことが普通ですが、より
確度の高いサインとしてダマシにならず期待通りの方向に値動きが進むこと
が多くなる傾向があります。

　**現在のローソク足で判断するか1本前のローソク足で判断するかは、ど
ちらが正しいというものではなく一長一短がありますので、EAを作成して
からバックテストやフォワードテストで確認していくしかない**ともいえま
す。

複数の通貨ペアで適用できるか

　ある通貨ペアにおいてエッジのあるトレード手法やトレードルールが、通
貨ペアが違うとエッジがなくなったりしてしまうことはChapter 4でも実例
を示しました。あるEAを作成して、当初のターゲットとは別の通貨ペアで
も採用してみたい場合には、パラメータを積極的に変更したり、条件を少し
変化させてみるのは必要になることです。

　たとえば、ある順張りのEAを英ポンド／円のために開発してから、その
後、米ドル／円でも検証してみたいと思った際には、英ポンド／円では損切
りは150pipsとしていたものを、米ドル／円の場合には70 ～ 100pipsに変更
したりします。これは、英ポンド／円の場合には150pips近く値動きが逆行
しないとトレンドの方向が変わったと判断しきれないのに対し、米ドル／円
の場合にはその半分から3分の2くらい逆行しただけでトレンドの方向が変
わったと判断できる可能性が高いからです。

　ある1つのEAを複数の通貨ペアで使えるようにするには、損切りポイント
を変える以外に、EAを構成するパラメータを少しずつ変化させてバックテス
トで最適化してみるのがセオリーです。

EAつくーるで「bol-HLt」のEAを作成する

　Chapter 5で解説した私のトレードルール「bol-HLt」を、EAつくーるを
用いて作成する様子を図解してみます。ここではロングポジションに関する

部分を取り上げます。

「bol-HLt」のトレードルールは次の通りでした。

［ロングポジションを持つための条件］

　ロングポジションを持つための条件は、次の**1**・**2**・**3**をすべて満たした時です。すべて4時間足での計算となっています。

1 1本前のローソク足の終値が、移動平均線（期間14）の終値よりも上にあること

2 現在の価格が、ローソク足×120本（4週間）の期間において最高値を超えること

3 現在の価格が、ボリンジャーバンド（期間14）の標準偏差2.3σよりも上にあること

［ロングポジションを決済するための条件］

　ロングポジションを決済するための条件は、次の**4**・**5**・**6**のうちいずれかを満たした時です。すべて4時間足での計算となっています。

4 損切り設定は150pips

5 含み益が150pipsを超えてからはトレイリングストップを開始し、そのまま150pipsをトレイル幅とする。150pips逆行すると決済する

6 ローソク足×30本（1週間）の最安値に到達すると決済する

条件**1**

1本前のローソク足の終値が、移動平均線（期間14）の終値よりも上にあること

　図6-5はEAつくーるの画面です。大きく分けて左側の部分と右側の部分を、不等号などの演算子を用いて比較するようになっており、条件を満たすことでポジションを持ちます（＝新規買いエントリー）。

図6-5 ロングポジションを持つための条件**1**

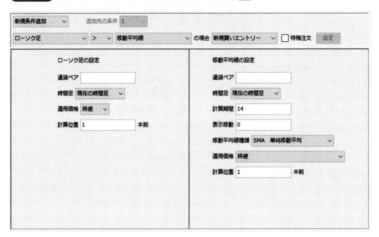

<u>条件**2**</u>
現在の価格が、ローソク足×120本（4週間）の期間において最高値を超えること

「現在の価格」は**図6-6**の左側のように、「計算位置0本前のローソク足の終値」という設定とします。右側では120本の高値を設定し、不等号で比較しています。

図6-6 ロングポジションを持つための条件**2**

また、ロングポジションを持つために、条件**1**を満たしていることに加えて条件**2**を満たす必要があるため、図6-6の一番左上の「条件追加」の部分で、**論理演算子として「AND」を設定します**。もしも「条件**1**または条件**2**を満たす」という場合には論理演算子として「OR」を選択します。

条件 3
現在の価格が、ボリンジャーバンド（期間14）の標準偏差2.3σよりも上にあること

　図6-7の左側はローソク足についての設定で、「現在の価格」を求めています。右側はボリンジャーバンドの設定をしており、左右を不等号で比較しています。
　ここでも一番左上には論理演算子の「AND」を選択します。ロングポジションを持つためには、条件**1**に加えて条件**3**も満たす必要があります。つまり、条件**1**に加えて条件**2**も条件**3**も満たすことで、はじめてロングポジションを持つ条件がすべて揃うことになります。

図6-7 ロングポジションを持つための条件 3

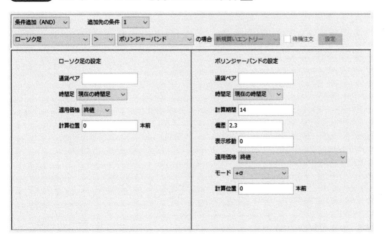

条件 4
損切り設定は150pips

　損切り幅は、EAつくーるの基本設定で簡単に設定できます（**図6-8**）。

また、ここではロット数とストップロス（損切り）しか表示されていないので、それ以外は設定できないように見えますが、画面を下のほうにスクロールするとテイクプロフィット（利益確定）の幅やスリッページの幅など細かい設定ができます。

図6-8 ロングポジションを決済するための条件**4**

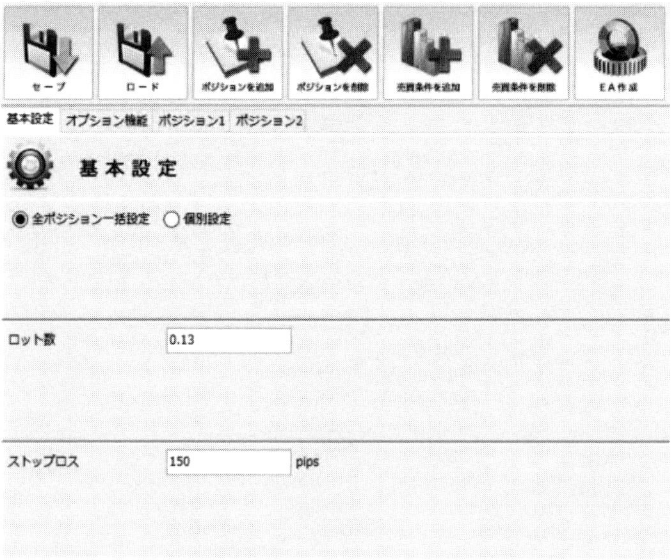

条件 **5**
含み益が150pipsを超えてからはトレイリングストップを開始し、そのまま150pipsをトレイル幅とする。150pips逆行すると決済する

条件 **6**
ローソク足×30本（1週間）の最安値に到達すると決済する

　条件**5**と条件**6**は、「オプション機能」のなかで設定します（**図6-9**）。どちらもトレイリングストップの一種であるため同じところで設定できます。
　ここも、トレイリングストップだけを設定できるように見えますが、実際は画面を下にスクロールすると、ほかの多くの項目も設定できるようになっています。

図6-9 ロングポジションを決済するための条件**5**、条件**6**

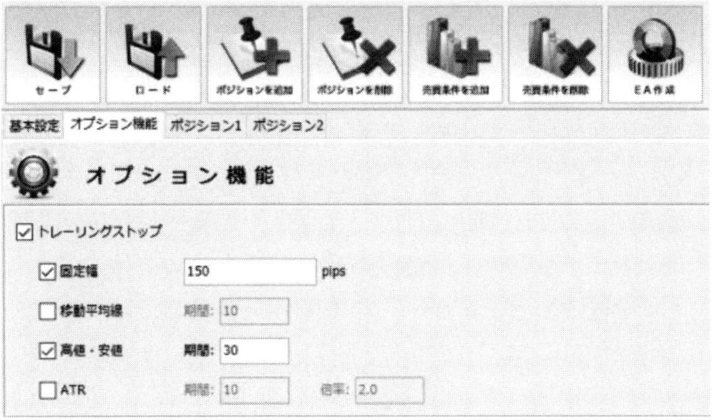

![図6-9 EAつくーるのオプション機能設定画面]

以上のように、EAつくーるで図6-5から図6-9の設定を行うことで「bol-HLt」のEAのロングポジションは完成します。実際には、ほかにも多少設定する項目があり、ショートポジションはロングとは別に設定していく必要がありますが、**EAつくーるを用いたEAの作成は、それほど難しいものではない**ことがお分かりいただけたと思います。

6-3 自動化を補うために 手動トレードのサインを送る

私は、トレーダー自身のトレードルールは完全に自動化することが理想的であると考えますが、Chapter 6の冒頭で、トレードの自動化には完全な自動化以外にも色々な種類や段階があると述べました。「自動化」の一種である次の**1**・**2**を実行する方法についても説明します。

1 人がトレードする前の準備段階であることを示すプログラム
2 手動でトレードするためのサインをプログラムが出すもの

2 は、トレードルールを完全に自動化したEAを作成し、そのEAをMT4のデモ口座に設置して、「ポジションを持つ」というサインと「ポジションを決済する」というサインを自分に送れば目的を達することが可能です。つま

り、**EAを作成することは完全な自動化と同様で、ポジションを持つ時と決済する時にそのサインを自分宛に送ることを加えるだけ**です。そして、そのサインを元に手動でトレードすれば良いのです。完全な自動化と異なるのは、リアル口座ではなくデモ口座のMT4にEAを設置すること（または、ごく少額で運用するリアル口座でも良いかもしれません）と、自分自身にサインを送ることの2点だけです。

■ に関しても、自動化という範疇で行うことは❷ と本質的には変わりません。人が手動でトレードする際の「準備段階」と判定される条件を満たした時点で自分にサインを送るわけですから、その条件を満たした時にデモ口座でEAがポジションを持つようにして、同時に自分にサインを送れば良いわけです。

また、■ と❷ はどちらも、EAを作成するのではなく「カスタムインジケーター」を作成して、そのインジケーターが示すサインを自分自身に送る方法も採用できます。その際には「インジケーターつくーる」というツールを利用すれば簡単にカスタムインジケーターを作成できるのですが、ここではそれには触れず、EAを用いた手法について説明することにします。

MT4から自分にリアルタイムでサインを送る

EAがポジションを持つ瞬間や決済する瞬間に自分にサインを送る方法は難しくありません。MT4の機能として元々備わっているものを利用します。

図6-10 自分自身にサインを送る

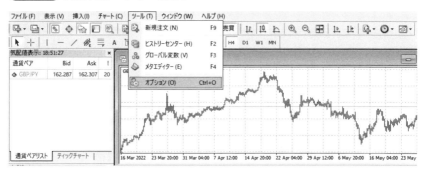

図6-10のように、「ツール」から「オプション」を選択します。オプションのウインドウが開きますので、通知機能（**図6-11**）、Eメール機能（**図6-12**）

を設定することで、EAがポジションを持ったり決済したりすると同時に自分にサインを送ることができます。

図6-11 通知機能

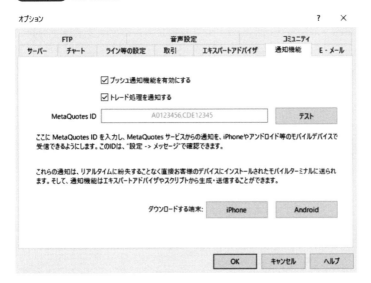

図6-12 Eメール機能

通知機能は、スマホ用のMT4アプリを自分のスマホにインストールして、そのMT4に対してPCのMT4からサインを送る機能です。スマホのほうの「MetaQuotes ID」を、通知機能のなかの「MetaQuotes ID」欄に入力するだけなので簡単です（ただし理由は不明ですが、2023年2月時点では、App Storeで iPhone用のMT4がダウンロードできない状態になっています）。

Eメール機能は、そのままの意味で、サインをEメールで送る方法です。

EAがポジションを持ったり決済したりする際に、同時に自分にサインを送るこの2つの機能は便利ですが、問題点を挙げるなら、ポジションを持ったり決済したりする以外の情報も送ってしまうことです。送る情報と送らない情報を取捨選択できると良いのですが、それは難しいようです。

人が手動でトレードする前の準備段階でサインを送る例

ここでは、手動でトレードする時の「準備段階」を検出してそのサインを自分に送る例を示します。なぜ完全な自動化よりも退化しているようなEAの使い方を説明するのかというと、**完全な自動化が困難なトレードルールの場合には手動でトレードせざるを得ない**からです。

「トレードルールB」と名づけた一例を挙げましょう。トレードルールBは、エッジがあるかどうかは分かりません。また、ショートポジションの条件や決済の条件は省略します。あくまで1つの例であり、決してトレードルールとして推奨するものではありませんのでご注意ください。

[**トレードルールB（ロングポジション）**]

◼ ロングポジションを持つための条件

1▶ 4時間足で上昇トレンドであること

2▶ 15分足で上昇トレンドであること

3▶ 5分足のボリンジャーバンドで、ローソク足が－2σのラインより下に行き、下から上に抜けること

4▶ トレンドラインを確認して、最終的に人が判断してポジションを持つ

条件**1**▶で長期的に上昇トレンドであることを確認し、条件**2**▶で短期的に上昇トレンドであることを確認しています。条件**3**▶は、ボリンジャーバンドを用いた逆張りの手法としてよく使われるものです。条件**4**▶は、最終的

にトレーダー自身の目でチャートの形を確認し、トレンドラインを引くなど
してポジションを持つかどうかを決めます。

　トレードルールBの条件 **1** 〜 **3** は容易に自動化できますが、条件 **4** は
人の目で見て判断する部分を残しています。このように、最終的に人が判断
して手動でポジションを持つ条件が含まれていても、部分的に自動化できる
条件をEAで作成し、自動化した条件が満たされた時点で自分にサインを送
ることが可能です。デモ口座のMT4でEAを稼働し、EAがポジションを持っ
た時に自分自身にサインを送ります。サインをスマホの通知やEメールで受
け取ったトレーダーは、条件 **4** について自分で判定してリアル口座でオー
ダーを入れます。条件 **4** を満たしていないと判定した場合には、リアル口
座ではポジションを持ちません。

　私はあくまでトレードは完全に自動化することを推奨しますが、自動化す
る部分と手動でトレードする部分を分けて、デモ口座とリアル口座の両方を
運用することで、このようなトレードも可能になるということを参考までに
覚えておいてください。

Miwa's MEMO

EAの外注

シンプルなトレードルールであれば、EAの作成はEA
つくーるやMT4EAエディタを利用することで、ト
レーダーが自分で行うことは可能です。
ただし、どうしても自作が難しい場合には外注する
方法もあります。外注先は、Chapter 5で紹介した
「GogoJungle」のWebサイトや、クラウドソーシン
グサイトの「ランサーズ」などで探せます。料金は、
1つのEAにつき数万円〜10万円程度が相場だと思い
ますが、外注先やEAの内容によって大きく変わって
きますので、先に見積りしてもらうことが必要です。
外注するとしても丸投げはできず、トレードルールを
明確に伝える必要があります。ローソク足は15分足
なのか4時間足なのか、インジケーターを利用したも
のならパラメータの設定はどうするのかなど、細かな
設定を伝えることは必須です。パラメータは、色々
な設定でバックテストができるように、あとから可変
できるように依頼するのが良いでしょう。

FXの税金の話

　FXの利益や損失は、1年単位で集計して確定申告するのが普通です（個人口座についてです。法人口座についてはここでは触れません）。私は税理士ではありませんので、ここでは一般的なレベルの範囲でFXの税金について述べます。

　FXには、国内ブローカーのFX口座（国内FX口座）と、海外ブローカーのFX口座（海外FX口座）が存在します。国内FX口座は、年間の利益と損失を相殺して、利益分に対して20.315％の税率を掛けて税金を求めます。たとえば、利益が300万円で損失が200万円であれば、それらを相殺して100万円の利益となりますので、20万3150円を税金として支払うことになります。もしも損益がマイナスの場合には確定申告しておくと、翌年から3年間以内なら損失を繰り越して、その繰り越した損失を利益から差し引くことが可能です。

　海外FX口座は、税率が一定ではありません。基本的に「雑所得」として扱うことが普通です。これは、ほかの収入と合算して「総合課税」されますので「累進課税」となっており、FX以外の収入がどれくらいあるかどうかで税率が変わってきます。また、損失の繰越は原則としてできません。

　あくまで理論上ですが、国内FX口座と海外FX口座の税金を比較すると、FX以外の収入が多い人は国内FX口座のほうが海外FX口座を使うより税率が低いことになりますし、逆に、FX以外の収入が少ない人は海外FX口座のほうが税率が低いことになります。

　ただし、海外ブローカーは日本の国内法に準拠しておらず金融庁から警告を受けていることがほとんどです。私は、海外FX口座を利用することはお勧めしません。

Chapter7

自動売買プログラムの運用、
検証は自分でできる

MT4の自動売買機能は、EAのプログラムを自作するか、EAを無料または有料で入手して
MT4にインストールして利用します。ここでは、私が開発した「bol-HLt」を例に、EAの
インストール方法やバックテストの方法について説明します。

7-1 MT4を動かせるFX口座を複数作る

トレーダーはFXブローカーに不利な戦いを挑んでいる

　FXブローカーは、外国為替の取引（特に証拠金取引）を仲介している業者です。日本国内でFX取引を行う場合には、FXブローカーが値付けをして取引するやり方（店頭取引）と、取引所という市場のなかで取引するやり方（取引所取引）がありますが、**MT4をトレードのプラットフォームとして使えるのは前者の店頭取引しかありません。**

　FXの取引所取引は株式市場のように銘柄ごとの値付けが市場の需給で決まるのに対して、店頭取引はブローカーが個別に通貨ペアのレートの値付けをしているので、極端なことをいえば彼らが自由に値付けをできます。実際、各ブローカーが提示している通貨ペアのレートは、よく見るとFXブローカーによってやや違います。ただし、世界的な基準としてはインターバンクレート（銀行間の外国為替レート）が元になっていますので、FXブローカーがあまりにも逸脱した為替レートを提示すれば顧客の信頼を失うことになります。「逸脱したレートが提示されるブローカーだ」という噂が広がれば客離れを招くだけですので、ある程度顧客が納得する為替レートを提示する必要があるわけです。

　店頭取引は市場を介しているわけではなく、私たちトレーダーとFXブローカーが相対で取引しているだけなので、FXブローカーの値付け（レート）がトレーダーの損益に直接関わってきます。**FXブローカーとトレーダーの関係は、カジノディーラーと顧客の関係に近似しています。**カジノではルーレットを操作するのはディーラーであり、顧客はディーラーのコントロール下にあります。そして、必ずディーラーが「確率的に」勝つようにすべてのルールが設定されています。

　トレーダーが短期で利益を稼ぎすぎると、時に「FX口座を凍結しました」という連絡が届き、突然トレードできなくなってしまうことがあります。その理由についてトレーダーが明確に悪い場合もあれば、トレーダーにとって身に覚えのない場合もあります。どちらであったとしても、店頭取引におい

てはFXブローカーそのものが法律です。

　それを踏まえて、トレーダーとしては次のようにできるだけ多くのFX口座に分散しておきましょう。

- 運用資金100 ～ 300万円　　→　　2 ～ 3程度のFX口座
- 運用資金300 ～ 1,000万円　→　　3 ～ 4程度のFX口座
- 運用資金1,000 ～ 2,000万円　→　　4 ～ 6程度のFX口座

　MT4を利用できるFXブローカーは国内に10社程度ありますから、1つのFX口座に絞る必要はありません。

MT4を採用しているFXブローカー

　MT4を採用している日本国内のFXブローカー、およびそれぞれのFX口座について紹介します。以下に挙げるのは、私が実際にFX口座を利用したことがあるFXブローカーです。ただし、各ブローカーのFX口座の規約や取引の規約は突然変わることがありますので、ここに記載していることも将来的には変更されるかもしれません。必ず最新情報を得た上でFX口座を利用するようにしてください。

▷▷▷ OANDA Japan
（オアンダ ジャパン）

　OANDA Japanは、世界の複数の地域で展開されているOANDAの関連会社で、日本で登録されているFXブローカーです。

　為替レートの配信サーバーによって、「ニューヨークサーバー」のFX口座と「東京サーバー」のFX口座を作ることができます。ニューヨークサーバーは少額からトレードできるメリットがある一方で、**東京サーバーのほうは最小のポジションが大きい（最低取引単位が大きい）代わりに、スプレッドが小さく通信環境も良い状態で利用できます。**東京サーバーのFX口座は、だいたい300万円以上の運用額を目処にしておくと良いでしょう。

　また、MT5を利用できる口座もあります。

▷▷▷ 外為ファイネスト

　外為ファイネストは、金融サービスをグローバル展開しているハンテックグループが日本で登録しているFXブローカーです。MT4に力を入れており、

最近ではMT5の利用も可能になっています。スプレッドも小さく、配信レートは安定している印象です。

▷▷▷ サクソバンク証券

　サクソバンク証券は、個人トレーダーにはあまり知られていない証券会社かもしれませんが、非常にスプレッドが狭く、約定力も高く、FX口座としてとても優れています。特に英ポンド／円のスプレッドが狭いので、私好みのFXブローカーでした。「でした」と書いたのは、サクソバンク証券のMT4口座は2022年9月4日をもって廃止されてしまったからです。今後の復活を望みます。

▷▷▷ FOREX EXCHANGE

「俺のMT4」という呼び名のFX口座や、「俺のEA」という呼び名のEA無料利用サービスを提供するなど特色のあるFXブローカーです。店頭取引だけでなく取引所取引の口座も提供しています。

　FOREX EXCHANGEの良い点として、デモ口座に期限がないことが挙げられます。デモ口座は、多くのFXブローカーで3カ月などの制限が設けられていますので、FOREX EXCHANGEのデモ口座はフォワードテストを行う上で非常に重宝します。

▷▷▷ Plus500JP証券（EZインベスト証券）

　Plus500JP証券の特徴として、証券CFD（差金決済取引）をMT4でトレードできることや、配信サーバーが東京にあるため約定スピードが速いことなどが挙げられます。複数のFX口座を利用する場合には、ぜひ候補として考えてもらいたいFXブローカーです。2022年10月にEZインベスト証券から会社名が変更になりました。

▷▷▷ FXTF（ゴールデンウェイ・ジャパン）

　このブローカーのFX口座は、2020年5月2日以降に開設された口座ではEAの利用が不可だったのですが（2020年5月2日より前に開設された口座では継続してEAを利用できました）、2021年12月6日以降にすべての口座でEA利用が解禁となりました。ただし、EAを用いた場合、取引手数料が若干かかるようになっています。

▷▷▷ **楽天証券**

　楽天証券は株式投資の口座としてとても有名ですが、MT4を利用できるFX口座も開設できます。すでに株式取引用の口座をお持ちの方は、その延長線上でMT4用のFX口座も簡単に開設できます。

7-2　いつでも自動売買できるように設定する

VPSを契約したら、まず2つのことを行う

　VPS（Virtual Private Server）は、Chapter 6で述べた通り、**MT4で自動売買を行う場合には絶対にお勧めしたいツール**です。VPSのPC（手元にあるPCではなく、「仮想的な、個人の、ネットワーク上のコンピュータ」のこと）のスペックは、OSがWindows Server 2019の場合、メモリは2GB以上、PCのパワーに余裕を持たせようと思うと4GB以上のものが良いでしょう。VPSのPCのOSが刷新されたり、MT4からMT5へと取引プラットフォームを変えたりする場合には、さらにメモリが必要になることも考えられます。当然、メモリの容量が大きくなるほどVPSの料金がアップします。

　VPSのPCは最初に2つのことを行っておきます。

　まず、VPSのPCは利用し始める時にはOSのアップデートがまったく行われていないことが普通です。そのため、Windowsの設定のなかの「更新とセキュリティ」（図7-1）からWindows Updateを行っておきます（図7-2）。

図7-1 更新とセキュリティ

Chapter 7 自動売買プログラムの運用、検証は自分でできる

図7-2 Windows Update

次に、VPSのPCが自動的にWindows Updateを行ってそのまま再起動してしまうと、Windows ServerのOSは再び稼働を開始することになりますが、MT4は起動されていない状態となります。MT4が起動していなければEAも稼働できません。それを回避するためには、**VPSのPCが勝手に再起動しないように設定します。**

以下はWindows Server 2019での設定方法です。OSによって違いますし、同じOSでも違う手法もありますので、あくまで一例と考えてください。

VPSのPCのスタートメニューをクリックし、「Windowsシステムツール」→「ファイル名を指定して実行」と進み、ファイル名に「gpedit.msc」と打ち込んでOKをクリックします（**図7-3**）。

図7-3 「gpedit.msc」と入力してファイルを実行

すると、「ローカルグループポリシー」というウインドウが開きます（**図7-4**）。「コンピューターの構成」→「管理用テンプレート」→「Windowsコンポーネント」→「Windows Update」と進むと、右側のウインドウに「設定」の項目が並びます。

図7-4 ローカルグループポリシー

「スケジュールされた自動更新のインストールで、ログオンしているユーザーがいる場合には自動的に再起動しない」という項目がありますので、それをダブルクリックすると、**図7-5**のウインドウが開きます。

図7-5 自動的に再起動しない設定

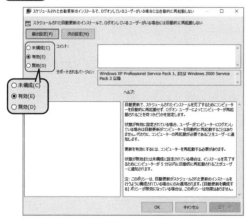

Chapter

7

自動売買プログラムの運用、検証は自分でできる

左上のほうに「未構成」「有効」「無効」というボタンがあります。「有効」の
ボタンを選択して、右下の「適用」と「OK」をクリックすれば設定は終了
です。ローカルグループポリシーのウインドウは、そのまま閉じてしまって
構いません。念のためVPSのPCを再起動すれば、設定が確実に適用されま
す。

MT4をVPSのPCにインストールする

　VPSのPCの準備ができたら、MT4をVPSのPCにインストールします。
MT4を起動し、自分のFX口座のログインIDとパスワードを入力してログイ
ンします。
　MT4のインストールは、VPSのPC上でGoogle ChromeやMicrosoft Edge
などのブラウザを起動し、FXブローカーのホームページに行き、それぞれの
ブローカー用のMT4をダウンロードしてから行います。MT4のインストー
ル方法は、各ブローカーのホームページに必ず記載されていますので、それ
を確認してもらえれば問題なくできると思います。
　VPSのPCにインストールしたMT4を起動すると、最初から4つのチャー
トが開いていますが（**図7-6**）、×ボタンをクリックして、すべていったん閉
じてしまいましょう（**図7-7**）。

図7-6　**MT4の初期のチャート**

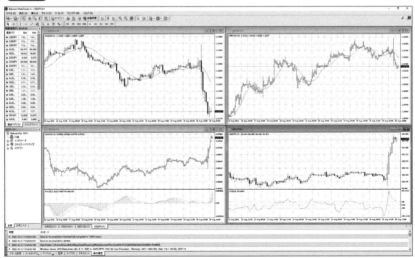

図7-7 MT4の初期のチャートを閉じた状態

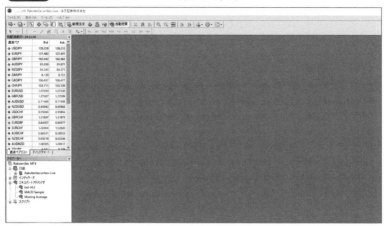

EAの実行ファイルをMT4にインストールする

　MT4をインストールするのは簡単ですが、EAをMT4にインストールする手順は少し複雑ですので、ここでは私が開発したEA「bol-HLt」を例にして説明します。「bol-HLt」のダウンロード方法はP.4に案内があります。「bol-HLt」のファイルをダウンロードしておいてください。

　ダウンロードした実行ファイル「bol-HLt.ex4」を、VPSのPCのデスクトップに置いておきます。そしてMT4を起動し、自分のFX口座のログインIDとパスワードを入力してログインします。

　デスクトップに置いてある「bol-HLt.ex4」ファイルの上で右クリックし、「コピー」をクリックします（**図7-8**）。

図7-8 実行ファイルの「コピー」をクリック

次に、MT4の左上端の「ファイル」をクリックし、「データフォルダを開く」をクリックします（**図7-9**）。

図7-9 MT4のデータフォルダを開く

MT4のデータフォルダが開きます（**図7-10**）。データフォルダのなかには、EAファイルや過去チャートのデータなど、MT4を利用するのに必要なデータが格納されています。

図7-10 データフォルダの内容

図7-10では、「MQL4」フォルダが選択された状態になっています。このMQL4フォルダをダブルクリックして開きます（**図7-11**）。

図7-11 MQL4フォルダの内容

　MQL4フォルダのなかには、最も重要なフォルダである「Experts」フォルダがあります。このExpertsフォルダをダブルクリックして開きます（**図7-12**）。

図7-12 Expertsフォルダの内容

　Expertsフォルダ内で右クリックし、「貼り付け」を行います。これで、図7-8でコピーしておいた「bol-HLt.ex4」というEAの実行ファイルがExpertsフォルダに格納されます（**図7-13**）。

図 7-13 EAの実行ファイルが格納された状態

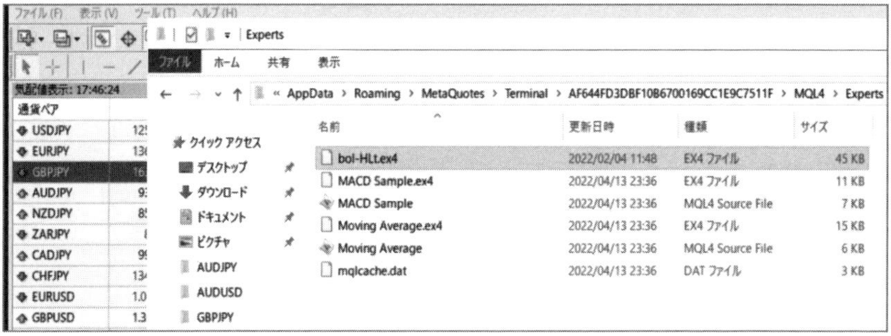

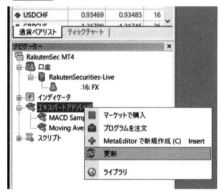

Expertsフォルダに EAの実行ファイル（拡張子が「.ex4」のファイル）を格納することで、EAを MT4にインストールする上での主要な部分は完了です。

次に「更新」作業を行います。EAの実行ファイルを Expertsフォルダに格納したあと（フォルダは閉じてしまっても大丈夫です）、MT4の左側のほうにある「ナビゲーター」ウインドウの「エキスパートアドバイザ」のあたりを右クリックして、「更新」をクリックします（**図7-14**）。なお、**MT4を再起動しても「更新」と同じ効果があります。**

図 7-14 「更新」を行う

「更新」を行うと、EAを MT4にインストールする作業は終了です。EAのインストールが完了すると、ナビゲーターウインドウのエキスパートアドバイザの下にインストールした EAの名称が表示されますので必ず確認してください（**図7-15**）。

図7-15 EAのインストール完了

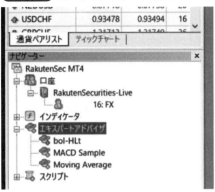

「bol-HLt」を英ポンド／円のチャートに設置する

EAの実行ファイルをMT4にインストールしても、それだけではEAで自動売買することはできません。**MT4の「自動売買スイッチ」をONにすること、EAをチャートに設置すること、この2つを行ってはじめてEAが稼働する状態となります。**

まずはMT4の自動売買スイッチをONにしておきましょう。MT4の上のほうに「自動売買」と書いてあるボタンがあります。ここに赤い印が見える場合はOFFの状態になっています（**図7-16**）。

図7-16 自動売買スイッチOFF

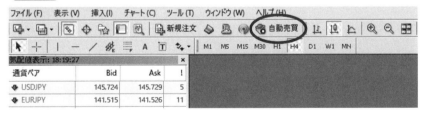

Chapter
7
自動売買プログラムの運用、検証は自分でできる

このボタンをクリックすると、スイッチが押された状態となり緑色の印に変わります（**図7-17**）。**緑色になっている状態が自動売買スイッチがONの状態であり、ONにしておかないとEAは動きません。**

図7-17 自動売買スイッチON

複数のEAを使っている場合、MT4の自動売買スイッチをOFFにすると、一気にすべてのEAを止めることができます。あるいは別の方法で、設置するEAごとにON・OFFを切り替えることもできます。**自動売買スイッチは、通常はONのままにしておく**ことをお勧めします。

次に、英ポンド／円のチャートを4つ表示させます。左側のほうにある「気配値表示」ウインドウのなかで「GBP JPY」を探し、その上で右クリックすると、**図7-18**のようにプルダウンメニューが出てきます。

図7-18 GBP JPYの上で右クリック

プルダウンメニュー内の上から2つ目の「チャート表示」をクリックすると、英ポンド／円のチャートが開きます（**図7-19**）。

もし気配値表示ウインドウのなかでGBP JPYが発見できない場合には、気配値表示ウインドウのなかで右クリックします。図7-18のプルダウンメニューが表示されますので、メニューのなかから「すべて表示」をクリックするとGBP JPYが見つかります。

図7-19 GBP JPYのチャートが開いた

英ポンド／円のチャートが開いたら同じことを4回繰り返して、4つのチャートを開いてください（**図7-20**）。ここでチャートを4枚用意する理由は、「bol-HLt」を4種類の設定で各チャートに設置し、それぞれが別々に動くようにするためです。

図7-20 GBP JPYのチャート4枚

4種類の設定というのは、Chapter 5でトレードルールの説明の際に示した設定 1 〜 4 と同じものです。

4つの英ポンド／円のチャートを開きましたが、チャートが重なっていると見づらく、EAの設置や設定もしづらいのでチャートを整列させます。**図7-21**は、MT4の上部にあるツールバーの一部です。印で囲んだボタンをクリックすると、チャートが綺麗に整列します（**図7-22**）。

図7-21 チャートを整列させるボタン

図7-22 4つのチャートが整列した

チャートが整列したら、次に各チャートを4時間足チャートに変更します。これは、**「bol-HLt」は4時間足チャートで運用するEA**として開発したからです。1時間足チャートや5分足チャートに設置しても「bol-HLt」は動作してしまいますが、本来の設計は4時間足用ですので注意してください。

MT4は、チャートを開いた時のデフォルトでは1時間足チャートになっているため、4つのチャートをそれぞれ4時間足チャートに設定し直す必要があります。

設定を変更したいチャートを（どこでも良いので）クリックしてウインド

ウを選択し、上部のメニューバーのなかの「H4」というボタンをクリックします（**図7-23**）。すると選択しているチャートの表題部分が「GBP JPY, H1」から「GBP JPY, H4」へと変わり、1時間足チャートから4時間足チャートに設定が変更されたことが分かります。

図7-23 チャートを4時間足に設定

同様に、残りの3つのチャートも、それぞれのチャートのウインドウ内をクリックして選択し、4時間足チャートへと変更します（**図7-24**）。

図7-24 すべてのチャートを4時間足に設定

次に、英ポンド／円のそれぞれの4時間足チャートに対して「bol-HLt」を設置していきます。

EAを設置したいGBP JPYのチャートをクリックして先に選択しておきます。左側のほうにあるナビゲーターウインドウに、すでにMT4にインストールしてある「bol-HLt」がありますので、その上で右クリックするとプルダ

ウンメニューが出てきます（**図7-25**）。

図7-25 「bol-HLt」の上で右クリック

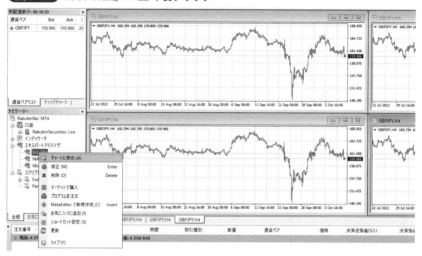

　プルダウンメニューの一番上の「チャートに表示」をクリックすると、現在選択しているチャートにEAが設置され、同時に開くEA設定ウインドウで設定を終えると、そのチャートの右上のほうに「bol-HLt」とEAの名前が表示されます（**図7-26**）。

図7-26 EA設定ウインドウが開いた

EA設定ウインドウには、3つのタブがあります。**図7-27**のように「全般」
タブをクリックすると「自動売買を許可する」にはすでにチェックが入って
いますが、これはP.182で自動売買スイッチをONにしたからであり、もし
OFFの状態でEAをチャートに設置した場合には、ここはチェックされてい
ない状態がデフォルトになっています。EAを稼働するには、ここにチェック
を入れます。

図7-27 EA設定ウインドウの「全般」タブ

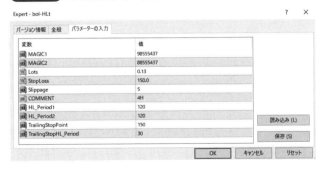

「自動売買を許可する」は必ずチェックされている必要があります。全般タ
ブのそれ以外の設定は、「bol-HLt」では特に関係がないので触らなくて大丈
夫です。

「パラメーターの入力」タブでは、最も重要な設定を行います（**図7-28**）。4
つのチャートそれぞれに異なるパラメータの設定が必要になりますが、それ
をパラメーターの入力タブで行います。

図7-28 EA設定ウインドウの「パラメーターの入力」タブ

ここでちょっと難しいのは、**ロット数の設定は、ここで示す数字ではなく、ご自分のFX口座内の資金に合わせる必要がある**ことです。図7-28を見てください。上から3つ目に「Lots」というパラメータがあります。Lotsは、このチャートに設置したEAがポジションを持つ時のロット数を示しています。図7-28では「0.13」となっています。0.13ロットは、通常は13,000通貨（ここでは英ポンド）です。

　Chapter 5では、「bol-HLt」の4つのパラメータ設定に関して、バックテストの結果からロット数の設定を次のようにすることを提案しました。

- ◘ 設定 **1** → 100万円の証拠金に対して0.13ロット
- ◘ 設定 **2** → 100万円の証拠金に対して0.13ロット
- ◘ 設定 **3** → 100万円の証拠金に対して0.10ロットまたは0.11ロット
- ◘ 設定 **4** → 100万円の証拠金に対して0.10ロットまたは0.11ロット

　それぞれの設定に対して100万円の資金を充てがうと考えて、**全体で400万円の資金がFX口座内にある場合のロット数の設定が上記のロット数となる**のです。資金が200万円であれば半分程度のロット数とするべきですし、資金が800万円であれば2倍程度のロット数とするべき、ということです。

　資金に対してのロット数、つまりポジションサイズや資金管理についての詳細はChapter 8で解説します。

　次に、4つのチャートのEAに、設定 **1** ～ **4** までの4種類のパラメータを設定します（**図7-29～図7-32**）。ここではFX口座に400万円がある場合の設定ですので、ご自分のFX口座内の資金に合わせてロット数（Lots）を変更してください。設定 **3** と **4** については、「100万円に対して0.11ロット」という設定にしてあります。

　また、「MAGIC1」と「MAGIC2」の2つの値はマジックナンバーといって、EAのプログラムの内部で、そのEAによって持ったポジションに付けられる番号です。どのポジションがどのEAによって持たれたかをマジックナンバーで区別しています。

　マジックナンバーは、デフォルトの値を手動で変更する必要がある場合があります。たとえば1つのMT4内で複数のチャートを開いて、それぞれのチャートにEAを設置する場合などは、EAごとにマジックナンバーの値を変

える必要があります。一方で、1つのMT4内で1つのチャートだけにEAを設置する場合には、デフォルトのマジックナンバーをそのまま変更しなくても、ほかのEAが存在しないので区別する必要がなく問題ありません。

「bol-HLt」は、マジックナンバーのデフォルトの値としてMAGIC1には「98555437」が設定されており、MAGIC2には「88555437」が設定されています。この2つの値は、4つのチャートにそれぞれEAを設置する際には、各EAのマジックナンバーがすべて違う値になるように変更する必要があります。そのため図7-29〜図7-32では、MAGIC1とMAGIC2の値は、図7-29だけはデフォルトの値を使っていますが、ほかはすべて違う値に変更しています。

図7-29 「bol-HLt」のパラメータ設定**1**

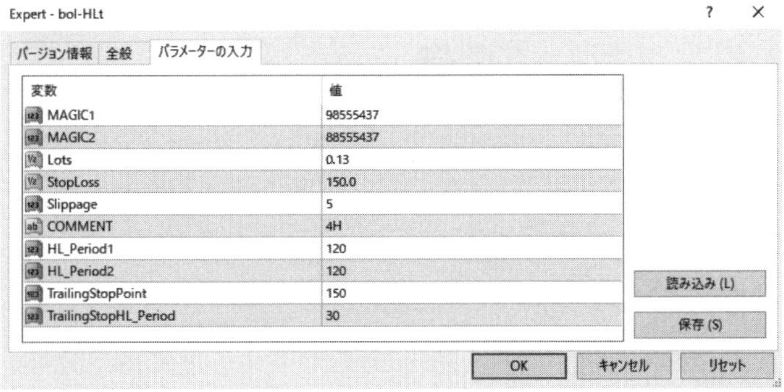

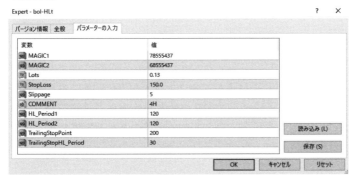

図7-30 「bol-HLt」のパラメータ設定**2**

図7-31 「bol-HLt」のパラメータ設定 **3**

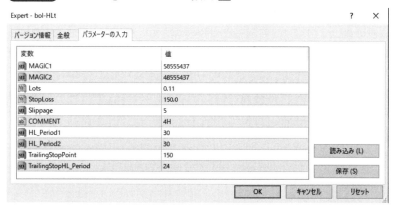

図7-32 「bol-HLt」のパラメータ設定 **4**

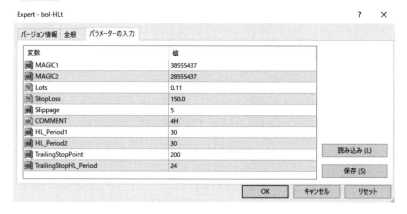

　図7-29～図7-32では、左端の数字だけすべて違う数字としていますが、それぞれのEAのマジックナンバーが違う値であれば、実際にはどんな数字でも構いません。1つのEAにおけるMAGIC1とMAGIC2の値も、違うものにしておく必要があります。このように**マジックナンバーは、EAのプログラム側でそれぞれのポジションを区別するために使っている数字ですので、同じMT4内ではすべて変えておく必要がある**のです。

　そのほかのパラメータについて補足します。

StopLoss	損切り設定です。単位はpipsです。
Slippage	スリッページは、EAがオーダーを飛ばしてから実際にポジションを持つ際のレートのズレのことを指します。ここで、その許容するレベルを決めます。単位はpipsです。元々の設定は5pipsになっていますので、10pipsとか3pipsに変えることで許容するスリッページの値を変更できます。Chapter 5のバックテストではスリッページは10pipsでしたが、ここではデフォルトの5pipsとしています（バックテストにおいては、どちらでもほぼ変わりがないことを確認しています）。
COMMENT	EAがポジションを持った時に、どのEAがポジションを持ったのかが分かるようにするためのコメントです。
HL_Period1	高値安値ブレイクアウトを行う際に、過去の高値についてローソク足を何本見るのかを決めます。
HL_Period2	高値安値ブレイクアウトを行う際に、過去の安値についてローソク足を何本見るのかを決めます。
TrailingStopPoint	トレイリングストップの設定で、単位はpipsです。
TrailingStopHL_Period	高値安値によるトレイリングストップにおいて過去のローソク足を何本見るのかを決めます。

　何度も繰り返しますが、**ロット数（Lots）の値だけはFX口座内の資金額に合わせてご自分で変更してください**。FX口座内の資金が400万円であれば例示した数字で良いですが、200万円なら半分程度のロット数に、100万円なら4分の1程度のロット数に変更してください。

　さて、各チャートに対するEAの設定が終わると、チャートの右上にEAの名称（ここでは「bol-HLt」）と「ニッコリ顔マーク」が出現します（**図7-33**）。チャートの右上に「しかめっ面マーク」が出現する場合は設定において何らかの問題があり、EAの設定に失敗しています（**図7-34**）。

図7-33 ニッコリ顔マーク　　　　**図7-34** しかめっ面マーク

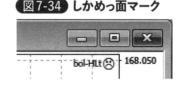

　4つのチャートにEAの設置ができると、それぞれのチャートの右上にEAの名称とニッコリ顔マークがある状態となります（**図7-35**）。これで、EAの

設置が終了し、EAによる自動売買が稼働している状態となります。

図7-35 4つのチャートにEAを設置

　EAの設置が終了しても、すぐにポジションを持つとは限りません。「bol-HLt」がポジションを持つための条件を満たさないとトレードは始まりませんので、チャートにEAを設置した状態のままMT4はずっと起動しておきます。そのためにVPSを利用して、常にPCを稼働させておくわけです。

　EAを4つのチャートに設置し、FX口座に資金が入っていれば実際の運用がスタートします。デモ口座でも運用は可能です（当然お金は架空ですが）。リアル口座の場合にはFX口座に資金が入っていないとEAを稼働してもエラーが出たりしますので注意してください。

7-3　長期データを使ったバックテストで EAを検証する

　バックテストの結果をどのように見るべきかは、Chapter 4とChapter 5で述べました。ここでは、「bol-HLt」を用いたバックテストのやり方について説明します。**バックテストの方法が分かればEAの検証方法の1つが得られるわけですから、ご自分で開発したEAをバックテストで検証したり、あるいは他者が開発したものでもパラメータを変えて検証したりすることが可能**です。ただしChapter 2でも述べた通り、バックテストだけでなく**フォワードテストもぜひとも行うべき検証方法**ですから、その点は忘れないようにしてください。フォワードテストは実運用と同様のものですから、一般的にバックテストよりも重要と考えられています。

バックテストを実行する

上部のメニューバーの「表示」をクリックして、プルダウンメニューのなかから「ストラテジーテスター」をクリックします（**図7-36**）。すると、バックテストを行うためのストラテジーテスターのウインドウが、MT4の一番下の領域に表示されます（**図7-37**）。

図7-36 ストラテジーテスターを表示する

図7-37 ストラテジーテスターのウインドウ

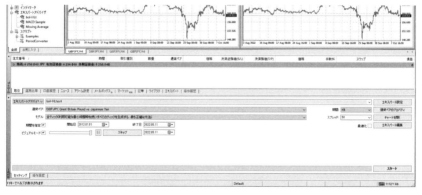

ストラテジーテスターを用いて、過去チャートにおけるEAの動きをシミュレートするのがMT4を用いたバックテストの本質となります。

図7-38を見てください。これは、ストラテジーテスターのウインドウの

Chapter

7

自動売買プログラムの運用、検証は自分でできる

左側のほうの項目です。ここでは「bol-HLt」の名称が一番上にありますが、MT4にインストールしてあるEAは、ここですべて選択することが可能です。つまり、バックテストしたいEAの名称を、ここで選択することになります。

図7-38 ストラテジーテスターの左側の項目

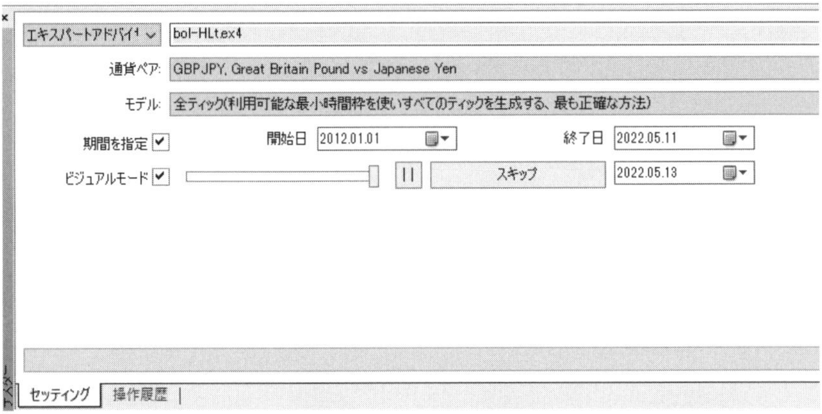

その下の「GBP JPY」と書いてあるのが通貨ペアを選択する部分です。ここでは英ポンド／円が選択されていますが、ほかの通貨ペアでバックテストを行うことも可能です。

次の「モデル」の部分は以下の3段階から選択できます。

■全ティック
■コントロールポイント
■始値のみ

「全ティック」を選択すると、現在MT4内にある過去のチャートデータの1分足からティックデータ（最も詳細なデータ）が擬似的に作られ、バックテストされます。ただし、バックテストしたいEAが1分足や5分足などの超短時間のローソク足を元にトレードするものだと、この擬似ティックデータでは正確なバックテストが難しい場合があります。この点について解説しようとすると大変な量になってしまいますので、とりあえずは「**1分足や5分足のような超短時間のローソク足を元にトレードするEAの場合には、そのEAが（1本前などの）確定したローソク足を条件にトレードするものでないと**

正確なバックテストができない」と覚えておいてください。

残りの「コントロールポイント」「始値のみ」を選択すると、より少ない
データでバックテストをすることになります。EAによっては正確ではない結
果が出たりします。ここでは「全ティック」を選択しておきましょう。

「期間を指定」は、そのままの意味です。ここにチェックを入れて、特定
の期間を指定してバックテストするのが普通です。ただし、MT4内にある
チャートデータの期間が短いと、ここで指定する期間よりも短いバックテス
トとなります。

「ビジュアルモード」にチェックを入れると、バックテストの動きを目で追
えるようになります。横にあるバーで、そのスピードを変えられます。「ス
キップ」をクリックするとビジュアルモードが終了し、そのあとは目で動き
を追えませんが、バックテストは継続して最後まで進みます。通常は「ビ
ジュアルモード」にチェックを入れておくと良いでしょう。

次に、**図7-39**を見てください。ストラテジーテスターの右側のほうの設定
項目です。

図7-39 ストラテジーテスターの右側の項目

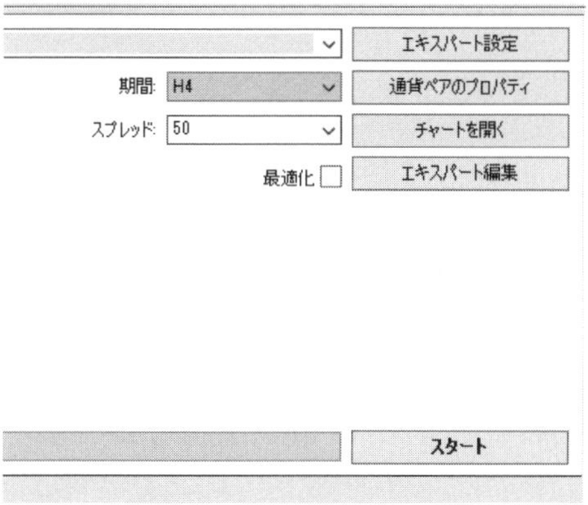

右上の「エキスパート設定」で、バックテストする際のEAのパラメータ
を設定します。「bol-HLt」は、設定 **1** ～ **4** まで4つの設定で運用しますの
で、それぞれの設定ごとに、ぜひバックテストを行ってみてください。

「期間」は、バックテストで使うローソク足の種類を決めます。「bol-HLt」
は4時間足のチャートに設定して運用しますので、「H4」を選択してくださ
い。

「スプレッド」は、バックテストを行う際にスプレッドの値をどうするかを

決めます。単位は「point」です。pipsではありません。バックテストにおけるスプレッドの設定は、大きい値にするほどより厳しいテストとなります。つまり、**通常起こりうるスプレッドの値よりも大きめにしておくほうがバックテストの結果の信頼度が増します。**「bol-HLt」は英ポンド／円で運用しますので、私は大抵スプレッドを50point（＝5pips）に設定します。これは、多くのブローカーでは英ポンド／円のスプレッドは5pipsに満たないことが多いからです。

「スタート」をクリックすると、バックテストが開始されます。ビジュアルモードを選択していると、チャートが現れて、どのようにトレードされるのか実際に目で見ることができます。ビジュアルモードを停止したい場合は「スキップ」をクリックすればビジュアルモードが停止し、バックテストを速く進められます。

　上記で述べたもの以外の設定は特に触らなくて良いと思いますが、ほかに「最適化」という機能もあります。これは、EAのパラメータの値を少しずつ変化させてバックテストを自動で繰り返すものです。自分でパラメータ設定を変えるほうが詳細にチェックできるので、私は「最適化」はあまり使いませんが、多くの設定について検証を繰り返すときには有用な場合もあります。

過去のチャートデータ（ヒストリカルデータ）を取得する

　通常、MT4内の過去のチャートデータは長くても数年分しかありません。バックテストを行うためには、過去のチャートデータを長期にわたって取得することが必要になります。過去のチャートデータで、特に5年分や10年分といった長期間でまとまったデータのことを**「ヒストリカルデータ」**と呼びます。どのブローカーのMT4でバックテストを行う場合でも、ヒストリカルデータを自分で取得しなければ、数カ月から2〜3年程度までのバックテストしか実行できません。

　ただし、ヒストリカルデータは公開しているブローカーと公開していないブローカーがあります。また、各ブローカーから提供されているヒストリカルデータは、その内容にある程度の差があります。

　有料と無料のヒストリカルデータがありますが、無料のデータで比較的よく使われているのがFXDDという海外の老舗FXブローカーのものです。ヒストリカルデータは、FXDDのFX口座を開設しなくてもダウンロードできます。また、FXTF（ゴールデンウェイ・ジャパン）のヒストリカルデータも評判は良いようです。

［**ヒストリカルデータの入手先**］

◻有料のデータ（Tick Data Suite、Tickstoryなど）
◻FXDD
◻FXTF（ゴールデンウェイ・ジャパン）
◻メタクオーツ社
◻デューカスコピー・ジャパン

　有料のデータについては、「ティックデータ」といって1分足のヒストリカルデータよりも詳細なデータを利用できる場合があります。**ティックデータは扱うのがちょっと難しいのと、「bol-HLt」のように4時間足チャートをベースとしたEAのバックテストの場合には、そこまで細かいチャートデータは必要ないので、**ここではFXDDやFXTFなどで提供される無料の1分足チャートのデータに基づいて説明します。

　データ入手先からヒストリカルデータをダウンロードすると、「.hst」という拡張子のファイルが得られます。通常、これが過去の1分足チャートのファイルです。

　まずは準備として、MT4の上部のメニューバーの「ツール」をクリックし、プルダウンメニューのなかにある「オプション」をクリックします（**図7-40**）。

図7-40 オプションをクリック

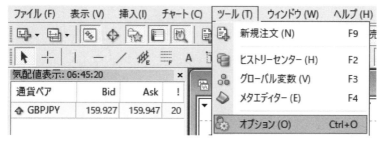

　オプションのウインドウが開いたら、上部の「チャート」タブをクリックします（**図7-41**）。そして、「ヒストリー内の最大バー数」と「チャートの最大バー数」に「9999999999（9を10桁）」と入力してOKをクリックします。すると自動的に「9999999999」が「2147483647」という数字になりますので、再度チャートタブを開いて確認してください。

図7-41 チャートタブでバー数を増やす

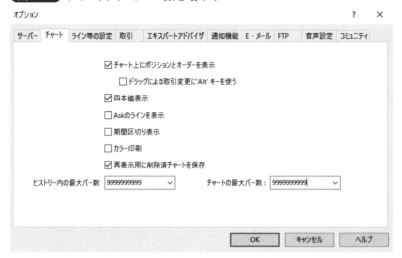

続いて、「ツール」から「ヒストリーセンター」をクリックします（**図7-42**）。

図7-42 ヒストリーセンターをクリック

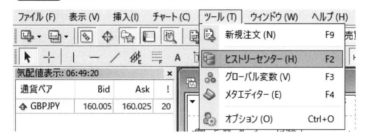

　ヒストリーセンターのウインドウが開いたら、ヒストリカルデータを入手した通貨ペア（ここではGBP JPY）を選択し、「1分足」をダブルクリックして開きます（**図7-43**）。下部にある「インポート」ボタンをクリックして、入手したヒストリカルデータの「○○.hst」というファイルを選択してインポートします。

図7-43 ヒストリーセンターのウインドウ

インポートできると、図7-43上部の「レコード」の部分の数字が増えます。ここでいったんヒストリーセンターのウインドウを閉じて、MT4を再起動します。

これで1分足のヒストリカルデータをインポートできました。次に、**この1分足のデータを利用して、ほかの時間足のヒストリカルデータを作成します**。

MT4のメニューバーの「ファイル」から「オフラインチャート」をクリックします（**図7-44**）。

図7-44 オフラインチャートをクリック

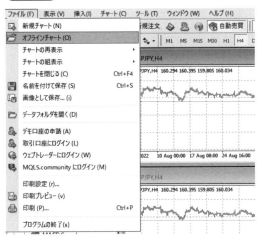

Chapter 7 自動売買プログラムの運用、検証は自分でできる

オフラインチャートリストのウインドウが表示されますので、そこからインポートした1分足のチャートを選択して開きます（**図7-45**）。

図7-45 1分足のチャートを選択して開く

ヒストリーデータ	バー	差出人	終了
EURUSD,H1	34826	2016.04.28 12:00	2022.04.13 17:00
GBPJPY,M1	6337167	2005.01.10 02:29	2022.05.17 19:42
GBPJPY,M5	2374	2022.05.05 10:15	2022.05.17 19:40
GBPJPY,M15	2048	2022.04.18 07:45	2022.05.17 19:30
GBPJPY,M30	2048	2022.03.17 19:00	2022.05.17 19:30
GBPJPY,H1	2048	2022.01.18 02:00	2022.05.17 19:00
GBPJPY,Daily	2048	2014.07.02 00:00	2022.05.17 00:00
GBPUSD,H1	34826	2016.04.28 12:00	2022.04.13 17:00
USDCHF,H1	34826	2016.04.28 12:00	2022.04.13 17:00
USDJPY,H1	34826	2016.04.28 12:00	2022.04.13 17:00

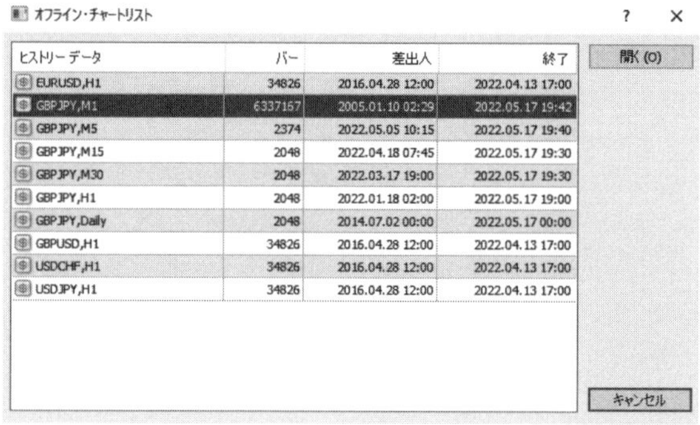

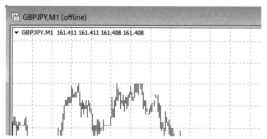

もしオフラインチャートリストに、目的とする通貨ペアの1分足のヒストリカルデータが出てこない場合には、いったんその通貨ペアのチャートをMT4上で開き、それからMT4を再起動すると、オフラインチャートリストに表示されるようになります。

図7-45のようにGBP JPYの1分足チャートを選択して開くと、「GBP JPY, M1（offline)」と表記されたチャートが開きます（**図7-46**）。これが、ファイルからヒストリカルデータとしてインポートした1分足チャートを実際に見ている状態となります。

図7-46 英ポンド／円の1分足オフラインチャート

続いて、左側のほうのナビゲーターウインドウのなかに「PeriodConverter」というスクリプトがありますので（**図7-47**）、これを図7-46のオフラインチャートの上にドラッグします。

図7-47 PeriodConverterをチャートにドラッグ

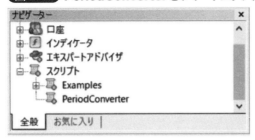

　すると、**図7-48**のようにPeriodConverterの実行ウインドウが開きます。ここでは「値」の数字を必ず「5」に書き換えてからOKボタンをクリックしてPeriodConverterを実行します。これは、**1分足のヒストリカルデータから5分足の過去チャートを作成する**操作となります。

図7-48 PeriodConverterを実行する

　さらに、図7-47のPeriodConverterを再度、1分足のオフラインチャート上にドラッグします。すると**図7-49**のようなアラートが表示されますので、「はい」をクリックし、先ほどは「5」と入力した「値」の部分を今度は「15」と入力してPeriodConverterを実行します。

図7-49 「はい」をクリックしてからPeriodConverterを繰り返し実行

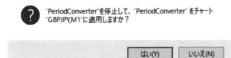

「5」「15」のあとは同様に、「30」「60」「240」「1440」と順番に値を変えてPeriodConverterを実行していきます。**これは、それぞれ、5分足、15分足、30分足、60分足、4時間足、日足の過去チャートを作成するためのもの**です。すべて実行するとオフラインチャートのリストには各時間足のチャートが**図7-50**のように並び、図7-45と比較するとデータの大きさが増えていることが分かります。

図7-50 完成したオフラインチャート

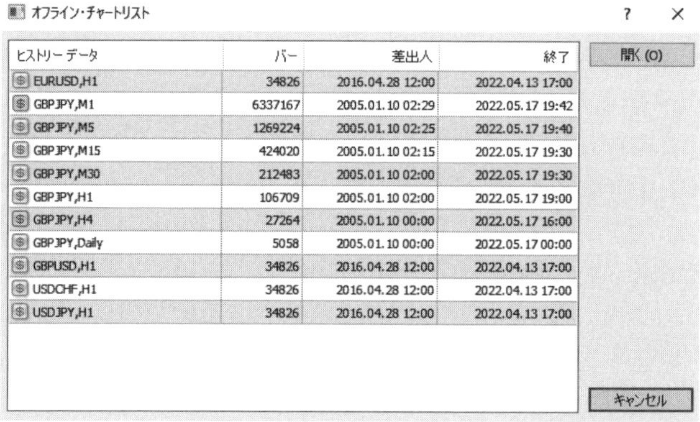

ヒストリーデータ	バー	差出人	終了
EURUSD,H1	34826	2016.04.28 12:00	2022.04.13 17:00
GBPJPY,M1	6337167	2005.01.10 02:29	2022.05.17 19:42
GBPJPY,M5	1269224	2005.01.10 02:25	2022.05.17 19:40
GBPJPY,M15	424020	2005.01.10 02:15	2022.05.17 19:30
GBPJPY,M30	212483	2005.01.10 02:00	2022.05.17 19:30
GBPJPY,H1	106709	2005.01.10 02:00	2022.05.17 19:00
GBPJPY,H4	27264	2005.01.10 00:00	2022.05.17 16:00
GBPJPY,Daily	5058	2005.01.10 00:00	2022.05.17 00:00
GBPUSD,H1	34826	2016.04.28 12:00	2022.04.13 17:00
USDCHF,H1	34826	2016.04.28 12:00	2022.04.13 17:00
USDJPY,H1	34826	2016.04.28 12:00	2022.04.13 17:00

これで5～15年間など長期間の過去チャートが用意できましたので、バックテストもかなりの期間行えるようになりました。

ただし、あまりに長期間のバックテストを行っても、時代ごとに外国為替の市況は変化する面がありますから、価値の低いバックテストになってしまう可能性もあります。私は、10年程度のバックテストを行えばおおむね十分ではないかと判断しています。一方、Chapter 5で解説したように、**長期間の過去チャートがあればアウトオブサンプルテストを行うことが可能ですから、過去チャートのヒストリカルデータは長期間であればあるほど良い面もあります。**

Chapter8

長期でＦＸ口座を運用するための
資金管理と心のあり方

資金管理について詳しく書いてある本は、まるごと1冊を資金管理の方法に割いていることがあります。それくらい資金管理は深く、長期でＦＸ口座を運用し利益を得ていくための必須科目とされています。

また、長期にわたってＦＸトレードを行う時には、ＥＡで自動化したとしても、トレーダー自身の心理的な要素が重要となります。資金管理とともにその点についても述べていきます。

8-1　資金管理の基本は数字と逆算

　資金管理は「マネーマネジメント」ともいいます。言葉のイメージからは「お金のコントロール」のように感じてしまいますが、実際には資金管理とは「リスクのコントロール」がその本質であり、限られた資金をいかにリスクにさらすか、というのが主題になります。

　たとえば、運用できる資金が100万円あるとします。私たちトレーダーの目標は、この100万円を2倍、10倍、100倍と増やすことです。ただし、トレードには必ず損切りが伴いますから、100万円が50万円に減る可能性もありますし、ほとんどゼロになってしまう可能性もあるわけです。

　資金管理は、100万円をゼロにしてしまうようなリスクにさらさないのはもちろん、あまりにもリスクを取らなければ資金は増えませんので適度にリスクにさらすための技術ともいえます。

バルサラの破産確率表の読み取り方

　バルサラの破産確率または破産確率表は、見たり聞いたりしたことがある人が多いと思います。バルサラはフランスの数学者で、一定の条件で繰り返したトレードなどによって破産してしまう確率を計算式で求めました。

　その確率を求めるための変数は3つです。

1　勝率
2　リスクリワードレシオ（＝ペイオフレシオ）
3　リスクにさらす資金比率（総資金に対する1回の損失額の比率）

　「**1** 勝率」の意味は簡単です。すべてのトレードに対する勝ちトレードの割合を％で表したものです。「**2** リスクリワードレシオ」はChapter 4で述べました。1回あたりの平均利益額を、1回あたりの平均損失額で割ったものです。そのトレードルールが損小利大なのか、またはその逆なのかがすぐに分かる指標です。「**3** リスクにさらす資金比率」は、総資金に対する1回の

損失額の割合です。

1️⃣・2️⃣・3️⃣ の変数を用いて破産確率を求めるわけですが、この計算式は大変複雑なため、一般的には「バルサラの破産確率表」という表を利用します。図8-1は、「3️⃣ リスクにさらす資金比率」を2%に固定して計算したものです。

図8-1 バルサラの破産確率表（リスクにさらす資金比率2%）

リスクリワードレシオ	勝率											
	10%	20%	30%	40%	45%	50%	55%	60%	65%	70%	80%	90%
0.6	100%	100%	100%	100%	100%	100%	100%	100%	0.119%	0%	0%	0%
0.7	100%	100%	100%	100%	100%	100%	100%	5.693%	0%	0%	0%	0%
0.8	100%	100%	100%	100%	100%	100%	100%	0.004%	0%	0%	0%	0%
0.9	100%	100%	100%	100%	100%	100%	0.666%	0%	0%	0%	0%	0%
1.0	100%	100%	100%	100%	100%	99.962%	0.004%	0%	0%	0%	0%	0%
1.1	100%	100%	100%	100%	100%	1.065%	0%	0%	0%	0%	0%	0%
1.2	100%	100%	100%	100%	100%	0.025%	0%	0%	0%	0%	0%	0%
1.3	100%	100%	100%	100%	6.816%	0.001%	0%	0%	0%	0%	0%	0%
1.4	100%	100%	100%	100%	0.341%	0%	0%	0%	0%	0%	0%	0%
1.5	100%	100%	100%	99.966%	0.026%	0%	0%	0%	0%	0%	0%	0%
1.6	100%	100%	100%	8.304%	0.003%	0%	0%	0%	0%	0%	0%	0%
1.7	100%	100%	100%	0.946%	0%	0%	0%	0%	0%	0%	0%	0%
1.8	100%	100%	100%	0.140%	0%	0%	0%	0%	0%	0%	0%	0%
1.9	100%	100%	100%	0.026%	0%	0%	0%	0%	0%	0%	0%	0%
2.0	100%	100%	100%	0.006%	0%	0%	0%	0%	0%	0%	0%	0%

「3️⃣ リスクにさらす資金比率」が2%というのは、たとえば総資金（＝初期証拠金）が100万円の場合には、1回の損失が2万円として設定されているということです。なぜ「3️⃣ リスクにさらす資金比率」の設定を固定して考えるのかというと、バルサラの破産確率の計算には変数が3つ必要であるため、縦軸と横軸の2軸しかない表の場合には1つの変数を固定して表を作成するしかないからです。

図8-1を見てください。横軸が勝率、縦軸がリスクリワードレシオです。「100%」となっているところは、「統計学的には必ず破産する」ということです。逆に「0%」のところは、完全にゼロにはなりませんが小数点以下3桁まではゼロということです。つまり、「トレードを無限まで繰り返した場合でも、破産確率は極めてゼロに近い」ということです。

例として横軸の勝率が50%のところを見てみましょう。リスクリワードレシオが1.0の場合、破産確率は99.962%です。ところが、リスクリワードレシオが1.1の場合には、破産確率は1.065%となります。そして、リスクリワードレシオを1.2、1.3と徐々に下にずらしていくと、1.4では破産確率は小数点以下3桁までゼロとなり（図8-1では、単に0%と記載されています）、極めて小さくなります。

別の例として縦軸のリスクリワードレシオが1.7のところを見てみましょう。勝率30%までは破産確率100%ですが、勝率40%ですと破産確率は

0.946％、勝率45％ですと破産確率はほぼゼロとなります。

　この表からいえるのは、**トレードルールやEAを開発する際には、統計学的に破産する可能性を極めて低くするために勝率とリスクリワードレシオを可能な限り上げるように設計すること、破産確率をゼロに近づけることを常に念頭に置いておく**ということです。

　破産確率は100％や数十％などではもちろんダメですが、実は1％でもリスクはやや高いと判断することが多いです。私自身は、小数点以下3桁までゼロであることを「破産するリスクが極めて低い」と判断しています。人によっては小数点以下1桁か2桁までで判断するかもしれませんし、1％以下ならリスクが低いと判断する場合もあるかもしれません。決まった正解はありませんが、一般的には小数点以下2桁か3桁までゼロであれば破産するリスクが極めて低いと判断する人が多いと思います。

　また、リスクにさらす資金比率を、ここでは2％とした理由は「1回の損失を総資金の2％程度に抑えておきましょう」というトレードの世界では一般的な**「2％ルール」**の考え方があるからです。これは理論的なバックグラウンドがあるというよりも、多くのトレーダーが2％ルールを採用してきた経験則の要素が大きいです。

　それでは、EA「bol-HLt」の破産確率のチェックをしてみましょう。破産確率を確認するためには、ある程度の期間のバックテストかフォワードテストのデータを用います。ここでは、「bol-HLt」のバックテスト結果であるChapter 5の図5-3を見てください（P.123）。必要な数字を取り出すと次のようになります（一部は小数点以下切り捨てとします）。

総資金（初期証拠金）	1,000,000 円
Lots（ポジションサイズ）	0.13ロット
勝率	56.47％
平均勝トレード	24,925 円
平均敗トレード	17,390 円
リスクリワードレシオ	$\frac{24{,}925}{17{,}390}$ 円 = 1.43
最大敗トレード	19,929 円

　総資金100万円に対してポジションサイズ0.13ロット（13,000通貨）のポジションを持つ設定となっています。1回のトレードで失う資金は最大で19,929円ですので、リスクにさらす資金比率は約2％となります。ここでは、

より厳しく見るために最大敗トレードを採用しましたが、**最大敗トレードと平均敗トレードが乖離している場合には、平均敗トレードを採用するほうがより現実的**と考えられる場合もあります。

　勝率は56.47％ですから、ちょっと厳しく55％とします。リスクリワードレシオは1.43ですが、これも少し厳しく見て1.4とします。これらの数字からバルサラの破産確率表（図8-1）を見ると破産確率は0％、つまり小数点以下3桁までゼロですので、破産する可能性は極めて低いことが確認できます。つまり、1回のトレードにおけるポジションサイズ（0.13ロット）が、破産確率に関しては適切であることが担保できているというわけです。

　バルサラの破産確率表は、リスクにさらす資金比率を2％以外に3％、4％などでも確認することができます（**図8-2**）。しかし、1回のトレードで失う資金が総資金の3％や4％というのはそれなりに大きな金額です。大抵の人は心理的にも耐えられないことが多いので、まずはリスクにさらす資金比率は2％をベースに、勝率とリスクリワードレシオを表に当てはめてみて「破綻確率がほぼゼロ」かどうかを確認しましょう。

図8-2　バルサラの破産確率表（リスクにさらす資金比率3％）

| | | 勝率 | | | | | | | | | | |
		10%	20%	30%	40%	45%	50%	55%	60%	65%	70%	80%	90%
リスクリワードレシオ	0.6	100%	100%	100%	100%	100%	100%	100%	100%	1.123%	0%	0%	0%
	0.7	100%	100%	100%	100%	100%	100%	100%	14.799%	0.004%	0%	0%	0%
	0.8	100%	100%	100%	100%	100%	100%	100%	0.119%	0%	0%	0%	0%
	0.9	100%	100%	100%	100%	100%	100%	3.539%	0.003%	0%	0%	0%	0%
	1.0	100%	100%	100%	100%	100%	99.975%	0.124%	0%	0%	0%	0%	0%
	1.1	100%	100%	100%	100%	100%	4.841%	0.008%	0%	0%	0%	0%	0%
	1.2	100%	100%	100%	100%	100%	0.393%	0.001%	0%	0%	0%	0%	0%
	1.3	100%	100%	100%	100%	16.686%	0.048%	0%	0%	0%	0%	0%	0%
	1.4	100%	100%	100%	100%	2.267%	0.008%	0%	0%	0%	0%	0%	0%
	1.5	100%	100%	100%	99.977%	0.409%	0.002%	0%	0%	0%	0%	0%	0%
	1.6	100%	100%	100%	19.034%	0.093%	0%	0%	0%	0%	0%	0%	0%
	1.7	100%	100%	100%	4.472%	0.026%	0%	0%	0%	0%	0%	0%	0%
	1.8	100%	100%	100%	1.253%	0.008%	0%	0%	0%	0%	0%	0%	0%
	1.9	100%	100%	100%	0.409%	0.003%	0%	0%	0%	0%	0%	0%	0%
	2.0	100%	100%	100%	0.151%	0.001%	0%	0%	0%	0%	0%	0%	0%

　実は、「bol-HLt」のバックテスト（図5-3）からは、1回のポジションサイズを上げてリスクにさらす資金比率を3％とする場合であっても、勝率55％とリスクリワードレシオ1.4の交差する数字は破産確率0％、つまり小数点以下3桁までゼロなのです。つまり、リスクにさらす資金比率が3％になるようにポジションサイズを引き上げることが破産確率の観点からは可能であるともいえますが、このあとに述べる**最大ドローダウンなどを確認すると、リスクにさらす資金比率を2％を超えて大きく上げていくのはやはり難しい**と結論づけられます。

　まとめますと、バルサラの破産確率表からは、勝率、リスクリワードレシ

オ、リスクにさらす資金比率という3つの変数に基づいて破産確率が求められます。リスクにさらす資金比率（＝1回のトレードにおける損失）を2%に固定した場合のEAの破産確率を求める例を示しました。これは、1回のトレードにおける損失を2%と仮定した場合に、そのEAは破産しやすいのか破産しづらいのかをチェックすることで、そのポジションサイズが許容できるのかどうかを確認しているということです。

最大ドローダウンの許容範囲とポジションサイズ

1回のトレードで被る損失（＝リスクにさらす資金比率）は総資金に対して2%という数字を先走って使いましたが、資金管理では時に2.3%とか1.5%とか、2%に近い範囲で数字を変えることはあり得ます。資金管理とは、絶対的な数字が解答として得られるものではなく、「リスクにさらす資金比率は○○%程度が、そのEAに最も合いそうだ」ということが参考値として分かる程度のものです。それでも資金管理が重要なことに変わりはありません。資金管理を理解するための1つの手がかりが、バルサラの破産確率表です。

続いて、最大ドローダウンについて検証します。**「最大ドローダウン」は、ある一定期間において、それまでの最高の残高から最も低下したときの損失の幅**です（**図8-3**）。まだ確定していないポジションの含み損も含んだものが最大ドローダウンとして計算されます。

図8-3 最大ドローダウン

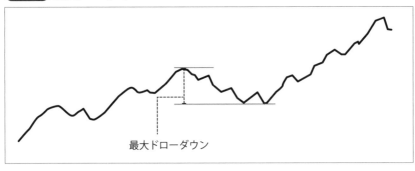

最大ドローダウン

正しいトレードルールを採用していれば、資金残高は増えたり減ったりしながら徐々に右肩上がりに増えていくわけですが、いったん増えた残高が最も減るところが、その期間の途中では一番のリスクになり、その時の減り幅

を最大ドローダウンと呼んでいるわけです。

　図5-3では、初期証拠金100万円に対してポジションサイズ0.13ロットの設定で最大ドローダウンは155,044円ですから、資金に対して15％程度の損失幅です。約10年のバックテストで最大ドローダウンは100万円の資金に対して15％。心理的に許容できるかというとギリギリでしょう。100万円が85万円に減るのを許容できる人でも、5,000万円が4,250万円に減るのを許容できるでしょうか？　人によっては最大ドローダウンは10％程度、つまり100万円が90万円（5,000万円が4,500万円）に減るのが心理的な限界かもしれません。そうであればポジションサイズは0.13ロットよりも小さくする必要があり、おおむね0.09ロットくらいに減らします。

　初期証拠金に対して最大ドローダウンをどれくらい許容できるかどうかは、資金管理上の重要な要素となります。一般的には15％程度が許容できる範囲ですが、20％でも許容できるトレーダーならポジションサイズを大きくすることが可能ですし、許容できるのは10％程度であればポジションサイズを小さくする必要があります。また、あまりロット数を上げると1回のトレードにおける損失（＝リスクにさらす資金比率）が大きくなり、破産確率が高まります。バルサラの破産確率表で確認しておく必要があります。

資金管理を詰めていくための手順

　資金管理は、準備した総資金（バックテストの場合は初期証拠金）をどのようにリスクにさらすか、という方法論です。基本的に、資金管理で重要なことは損失幅のコントロールです。**ポジションサイズの大小で損失幅が変わりますので、適切な損失幅を求めることで、逆に適切なポジションサイズを導き出すことができます。**

　損切りの時の損失幅は、EAによって一定の場合と一定でない場合があります。一定の場合は「最大敗トレード ≒ 平均敗トレード」ですが、一定でない場合には「最大敗トレード ＞ 平均敗トレード」となります。

　図5-3の上のほうの「パラメーター」を見ますと、StopLoss ＝ 150となっており、これは損切りの大きさが150pipsであることを示しています。その上で、ポジションサイズはLots ＝ 0.13ですので、1回の最大の損切り幅は次の計算で求められます。1pipの損失は0.1ロット（1万通貨）で100円です。

150pips × 0.13Lots × 100円 ／ 0.1Lots ＝ 19,500円

　この19,500円は、理論値としての1回のトレードにおける最大損失ですので、これを1回のトレードにおける最大のリスクと捉えることができます。「2%ルール」からすれば0.13ロットは適切なポジションサイズです。まずは**1回のトレードでの損失を、仮に資金の2%にすることが目安としてもお勧め**です。実際に、図5-3のバックテストでは次のようになります。

最大敗トレード　　　19,929円の損失
平均敗トレード　　　17,390円の損失

　最大損失の値は理論値と極めて近似しています。また、最大敗トレードと平均敗トレードで差はありますが、それほど大きな差はない（1.14：1くらい）ので、最大敗トレードをバルサラの破産確率表でのチェックに採用することで、より厳しいテストとすることができます。
　もしも最大敗トレードと平均敗トレードが大きく乖離している場合、たとえばそれぞれの比率が1.5：1とか2：1というような場合には、「最大敗トレード」を「1回のトレードでの損失（＝リスクにさらす資金比率）」として捉えるとズレが大きく生じますので、前述の通り「平均敗トレード」を採用するほうが現実的となるでしょう。

　次に、バルサラの破産確率表で、破産する可能性が極めて低いことを確認します。「リスクにさらす資金比率」は2%の表（図8-1）を参照して、まずは2%の場合の破産確率をチェックしておきましょう。さらに3%の表（図8-2）も確認して、破産確率がほぼゼロであることをチェックしておけば、より大きなポジションサイズでトレードできる余地も生まれます。
　「2%ルール」はあくまで経験的に求められた数字ですが、対象とするトレードルールやEAに関してバルサラの破産確率表と最大ドローダウンをチェックすることで、「リスクにさらす資金比率」に本当に「2%」を採用して良いのか確認できます。
　最大ドローダウンは、総資金（バックテストの場合は初期証拠金）に対

して何％程度のダウンになるのかをチェックしますが、トレーダーによって10％を許容できるのか20％を許容できるのかは違います。私は、15％程度を1つの基準として採用しています。

　許容できる最大ドローダウンが決まれば、それに合わせたポジションサイズを設定してトレードすることになります。最大ドローダウンを小さくしようと思えばポジションサイズを小さくする必要があり、一定期間の純利益も小さくなってしまいますので、あまりにリスクを怖がると結果として資金あたりの収益も小さくなります。

　トレードルールやEAによっては、最大ドローダウンが総資金に対して10％以下でも十分に利益が得られるものもあります。その場合にはポジションサイズを大きくしやすいため、より効率よく収益が得られる可能性が高くなります。最大ドローダウンによってはポジションサイズを大きくできる可能性があるわけですが、そのポジションサイズにおける「1回のトレードでの損失（＝リスクにさらす資金比率）」を確認し、総資金に対して2％とか2.5％とか3％などの資金比率の数字を導き出し、バルサラの破産確率表を再度チェックしておきましょう。図8-2は、「リスクにさらす資金比率」が3％の表です。この表で破産確率の問題がなく、1回のトレードでの損失が3％以下なら理論的にはOKと考えられることになります。

8-2　FX口座での資金管理の実際

資金の置きどころと資金管理

　FX用に使える資金をどのように所有・管理していくかは個々のトレーダーによって差があります。たとえば1,000万円の運用資金があり、5つのFX口座があるとします（**図8-4**）。

- 1,000万円を5つのFX口座に200万円ずつ分けて入金している
- 1,000万円のうち800万円を銀行口座に置き、5つのFX口座に40万円ずつ分けて入金している

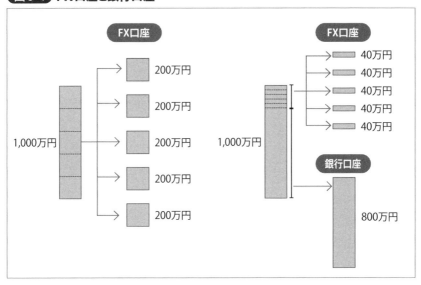

図8-4 FX口座と銀行口座

FX口座
200万円
200万円
200万円
200万円
200万円
1,000万円

FX口座
40万円
40万円
40万円
40万円
40万円
1,000万円

銀行口座
800万円

　この2つの資金管理の方法には、それぞれメリット・デメリットがあります。

　前者は、FXに利用できる資金をすべてFX口座に入金しているため、どれだけの資金があって、そのうちどの程度をリスクにさらしているのかを確認しやすい面があります。たとえば「2%ルール」を用いる場合には、それぞれのFX口座の資金の2%を計算し、それに合わせてポジションサイズを決めれば良いので、比較的簡単に資金管理を実行できます。ただしFXは、実際にポジションを持つために必要な資金は証拠金という少額で済みますから、証拠金以外の資金はFX口座のなかでまったく利用されずに眠ってしまっています。

　後者は、トレードする上での最低限の資金をFX口座に入金することで証拠金を充足させておき、余裕資金のほうはFX口座にいつでも入金できるように用意しておきながら銀行口座に保管しておく方法です。銀行口座に資金を置いておくほうがFX口座に置くよりややリスクが低いことや、FX口座の外に資金を多く置いているため、短時間であればほかのことに流用できるというメリットがあります。ただし、仮に「2%ルール」を採用する場合、資金の総額に対する2%を計算し、それを5つのFX口座に按分してポジションサイズを計算する必要があるので、やや煩雑な点が残ります。

単利運用と複利運用の資金管理

　単利と複利の考え方は、FX口座の資金を管理する上で知っておくことが必要です。ここでの単利と複利は、あくまでFXの資金管理に基づく単利運用と複利運用のことを指します。

　単利運用は、現在ある資金の大小に関係なく一定のポジションサイズを決めて運用する方法です。たとえば、100万円の資金に対して0.1ロットのポジションを持つような運用を行うとして、資金が120万円に増加した場合や80万円に減少した場合でも、そのまま0.1ロットのポジションで運用します。

　複利運用は、現在ある資金の金額に対して一定の「割合」のポジションサイズを決めて運用する方法です。たとえば、100万円の資金に対して「リスクにさらす資金比率」が2％で、それに対応するポジションサイズが0.1ロットであるとします。資金が120万円に増加した場合には、「リスクにさらす資金比率」を2％のまま維持するために、ポジションサイズは0.12ロットとなります。資金が150万円に増加したら0.15ロットです。逆に資金が80万円に減少したらポジションサイズは0.08ロットとなります。

　単利運用と複利運用は、どちらが正しいというものではありませんが、一般的には複利運用のほうが資金効率は良いです。特に、利益を積み重ねて運用資金が増えている場合には、複利運用では増加した資金を再投資に利用できる強みがあります。

　単利運用は資金が増えたり減ったりすることに対してポジションサイズを変更せずに運用を続けるわけですが、100万円の資金に対して0.1ロットのポジションサイズで運用を開始して、資金が200万円に増えてもまだ0.1ロットのまま運用するのはさすがに資金効率が悪いです。ある程度の資金の増減に対して、手動でポジションサイズを変更することは必須ともいえます。

　また、EAを作成する際に、まったく同じ仕組みのEAであっても「単利運用」用のEAと「複利運用」用のEAを作成することはできます。1つのEAにおいて、パラメータ設定によって単利運用と複利運用を使い分けることもプログラム上、可能です。

「bol-HLt」は単利運用専用のEAですので、複利運用の設定などはできませんが、「擬似的に」複利運用する方法はあります。

単利運用の EA を擬似的に複利運用する方法

　単利運用の EA の場合、通常は資金が増えてもポジションサイズは変わらず、パラメータ設定で決めたロット数を維持したまま同じサイズのポジションを持ちます。

　これを擬似的に複利運用にすることは難しくありません。たとえば「100万円につき 0.1 ロットのポジションサイズが推奨されている EA」なら、資金が 110 万円になったら手動でパラメータ設定を 0.11 ロットに変更します。120 万円になったら 0.12 ロットです。90 万円に減った場合には 0.09 ロットに変更します。面倒と感じる場合には、あまり厳密さにこだわる必要はないでしょう。100 万円が 120 万円に増えてから、0.1 ロットを 0.12 ロットに増やしても良いと思います。

「bol-HLt」について、資金の増減に合わせてどのようにポジションサイズを決めるのかを考えてみましょう。Chapter 5 と Chapter 7 で、「bol-HLt」の運用では、資金（証拠金）に対してどの程度のロットサイズにするべきか次のように示しました。

- 設定**1**　→　100 万円の証拠金に対して 0.13 ロット
- 設定**2**　→　100 万円の証拠金に対して 0.13 ロット
- 設定**3**　→　100 万円の証拠金に対して 0.10 ロットまたは 0.11 ロット
- 設定**4**　→　100 万円の証拠金に対して 0.10 ロットまたは 0.11 ロット

　ただし、このロットサイズの設定は、設定**1**〜**4**それぞれに 100 万円を充てがう場合（**4 つの設定があるので 400 万円が必要**）のものです。私は、「bol-HLt」をこれら 4 つの設定で 3,600 万円以上運用しています。単純に 400 万円 × 9 ＝ 3,600 万円となるように上記のロット数を 9 倍程度にすれば簡単なのですが、FX 口座を 12 口座ほど同時に利用しており、3,600 万円の資金は 100 〜 600 万円を各 FX 口座に分散して入金しています。そうしますと、400 万円よりも少ない資金に対してどのようにポジションサイズを決めるかが重要な問題となります。

　このような場合は、単純に 400 万円に対する割合で決める方法があります。たとえば、ある FX 口座内の資金が 200 万円の場合には次のように計算します。

- 設定**1** → 200万円 ／ 400万円 × 0.13 ＝ 0.065 ≒ 0.06ロット
- 設定**2** → 200万円 ／ 400万円 × 0.13 ＝ 0.065 ≒ 0.06ロット
- 設定**3** → 200万円 ／ 400万円 × 0.11 ＝ 0.055 ≒ 0.05ロット
- 設定**4** → 200万円 ／ 400万円 × 0.11 ＝ 0.055 ≒ 0.05ロット

　ここでは、小数点以下3桁目のロット数を切り捨てしています。通常、ほとんどのFX口座では小数点以下3桁目を設定できないからです。

　もう1つ、600万円の資金がFX口座内にある場合の例も挙げておきます。

- 設定**1** → 600万円 ／ 400万円 × 0.13 ＝ 0.195 ≒ 0.19ロット
- 設定**2** → 600万円 ／ 400万円 × 0.13 ＝ 0.195 ≒ 0.19ロット
- 設定**3** → 600万円 ／ 400万円 × 0.11 ＝ 0.165 ≒ 0.16ロット
- 設定**4** → 600万円 ／ 400万円 × 0.11 ＝ 0.165 ≒ 0.16ロット

　これらのポジションサイズの設定は頻繁に変える必要があるわけではないので、FX口座内の資金が数十万円（たとえば20万円とか50万円とか）増減するごとにEAのパラメータ設定で、ロットサイズ（Lotsという項目）を変更することで対応します。

複利運用に対応したEAの仕組み

　EAが自動で複利運用を行うように設定できるものもあります。厳密には、単利運用と複利運用の設定を選択できるものと、複利運用専用のものがあります。複利運用の設定方法はEAによっていくつかのバリエーションがありますが、ここでは2つの例を紹介します。

　まず1つ目の例です。「EAつくーる」で作成する複利運用のためのEAでは、「Risk」というパラメータの値を決めます。このパラメータの単位は％です。これは、FX口座内の資金量（金額）に対して、1回の損切り設定の金額が何％なのかを決めるものです。それによってポジションサイズが決まることになります。

　たとえば「Risk ＝ 2％」と設定したとすると、FX口座内に100万円の資金がある時の2％は2万円ですから、EAの損切り設定が100pipsの場合には

ポジションサイズは自動的に0.2ロットとなります。つまり100pipsの損切り
にあった場合に、100万円のうちの2%（2万円）を失うわけです（**図8-5**）。

　また、「Risk ＝ 3%」とし、FX口座内に200万円の資金があるとします。
200万円の3%は6万円ですから、1回の損切りで6万円となるポジションサ
イズが自動的に決まります。EAの損切り設定がもし100pipsだったとすれば
ポジションサイズは自動的に0.6ロットとなります。0.6ロットのポジション
を持っていますから、100pipsの損切りにあった場合には6万円を失います。

図8-5 複利運用のEA

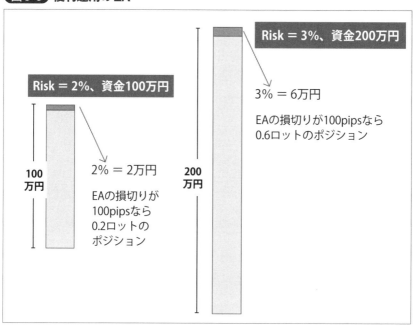

　ポジションサイズがFX口座内の資金量によって自動的に変化しますので、
EAによる運用によって資金が徐々に増える場合に、自動的にポジションの
ロット数が増えていくのです。逆に資金が減った場合には、それに合わせて
ポジションのロット数が小さくなります。**FX口座に資金を入金したり出金し
たりした場合でもポジションサイズは自動的に調整されるので、簡単かつ正
確に資金管理ができます。**

　次に2例目です。これは、EAの損切り設定（1回のトレードでの損切りの
大きさ）とは関係なくポジションサイズを設定できるもので、1例目のタイ
プのものより分かりやすいです。FX口座内の資金量に対しての「係数」を決

めて掛け算をして、それをそのままロット数として決定します。トレーダーがパラメータとして決めるのは「係数」だけで良いのでシンプルです。ただし、損切り設定が加味されていないので、1回の損切りで失われる資金はトレーダーが自分で考える必要があります。

たとえば、100万円の資金に対して係数aを掛けて0.5ロットのポジションを持つEAだとします。「100万円 × a ＝ 0.5ロット」というわけです。係数aは「0.5 ／ 1,000,000」と設定されているわけですが、数字としてはちょっと分かりにくいです。資金が増えて150万円になれば0.75ロットのポジションを持つようになり、80万円に減少すれば0.4ロットのポジションを持つようになります。

もし係数aが「0.7／1,000,000」であれば、資金100万円に対して0.7ロットのポジションを持ちます。資金が200万円であれば1.4ロットのポジションサイズとなります。つまり、この係数aをトレーダーがパラメータで決定しておけば、資金量に対して自動的にポジションサイズが決まる仕組みというわけです。

この2例目の複利運用の仕組みでも1例目と同様に、EAによる運用によって資金が増える時には自動的にポジションのロット数が増えますし、資金が減った時にはポジションサイズが小さくなります。もちろん、FX口座に資金を入金したり出金したりした場合でもポジションサイズは自動的に調整されます。

複利運用の設定ができるEAは、FX口座内の資金量に対してどの程度のリスクとリターンを取るかの比率をパラメータで設定できるわけです。複利の計算の仕組みなどは個々のEAで違うとしても求める方向性は同じですので、慣れてしまえば難しいものではありません。

8-3 トレード自動化と正しい「心のあり方」

資金管理が上手くできるようになることは、裁量（手動）トレーダーであっても自動売買トレーダーであっても、継続して結果を出すために欠かせないことです。そしてそれと同じくらい、お金を使って実運用する時にはトレーダーとしての「心のあり方」も重要になってきます。

自分のトレードルールか、他者のトレードルールか

　私たちトレーダーは、自分のトレードルールを開発したり、そのトレードルールをEAで自動化したりしてマイルールを徹底して守ることが必要です。「徹底してルールを守る」ことができるかできないかはとても重要で、できなければ戦略や戦術がブレてしまいます。

　トレードする時にブレてしまうかどうかは、自分のトレードルールをどれだけ信頼できるかどうかにかかっているといえます。これは、他者が作成したトレードルールやEAを用いてトレードする場合には、より顕著に影響することになります。そのトレードルールを信頼できずにトレードをすれば、トレードルールを破ったり、EAの稼働を止めたり、検証もしていないのにEAの設定を自分で頻繁に変えたりと、様々なブレる行動をする傾向が強くなります。

　「bol-HLt」というトレードルールとそのEAは、私にとっては「自分のトレードルールとEA」ですが、読者の方々にとっては「他者が作成したトレードルールとEA」ですから、その扱いについては注意が必要です。自分が開発したものであれば、その開発過程や利点・欠点、バックテストやフォワードテストによる検証結果など、あらゆる情報を理解した上で活用できますが、他者が開発した場合には、それらの情報を真に理解することが難しいこともあり得るからです。もちろん、他者が作成したトレードルールでも、そのロジックと検証結果を深く理解して信頼できるのであれば、一概に「他者のルールだからダメ」というものではありません。

　「bol-HLt」は私自身が開発したトレードルールとEAなので、損切りが発生する時は、なぜ損切りになってしまったのかを完全に理解できます。また、損切りが連続して発生して不安になるような状況でも、自分が開発したロジックに深い理解があるので、不安に打ち勝ち、EAの稼働を続けることができます。ドローダウンも織り込んでいますので、資金管理の技術を身につけておけば大抵の苦難は乗り越えられると考えています。

　つまり、**自分で作成したトレードルールとEAであれば、トレードで長期的に勝つための「心のあり方」を自然と身につけていることが多い**のです。逆に、他者が作成したEAで運用する場合には私も不安になることが多く、正しい「心のあり方」でトレードすることはかなり難しいです。EAの稼働を止めてしまおうか、ロット数を勝手に変えてしまおうかと、誘惑に駆られてしまうものです。

トレード自動化の優位性を生かすための「心のあり方」

それでは、正しい「心のあり方」とはどういったものでしょうか。

Chapter 2ではトレーダーの心理の特性について解説し、その上で「トレードルールの自動化」をお勧めしましたが、ここでは、主にEAによってトレードを自動化する場合に長期間、継続的に勝利していくための「心のあり方」について述べることにします。

EAの動きの性質を詳細まで知っていなければならない

他者が作成したEAについて、どのようにポジションを持ち、どのようにポジションを決済するのか詳細まで知っている必要があります。「そのポジションを持つ理由」を明確に認識できない場合、含み損が大きくなったり損切りが続くようになると、EAに対する不信感や不安が拭えなくなります。もちろん自分が作成したEAでも、トレードルールに自信がなければやはり不安に襲われます。

「そのトレードルールに自信があり」かつ「そのトレードルールとEAの動きが詳細までよく分かっている」という2点が、いたずらにEAへの不信感を膨らまさないためには必要です。

お金を「お金」と感じないほうが良い

これは極論じみた面がありますが、運用している資金を「お金」と考えないほうが良いです。人間の心理はユニークなもので、含み損が増えてくると不安が高まるのは当然ですが、含み益が増えていっても不安が高まったりするものです。そして、その不安から逃れたいがために早く利益確定をしたくなります。

こういった不安は、運用している資金を「お金」だと思っているからこそ起きるものです。コンピュータゲームか何かの「ヒットポイント」を運用しているなどと割り切ってしまえば不安の量は減ります。

EAは勝手に止めてはいけない

EAは基本的に「完全に自動で」動くものであり、一度EAの稼働をスター

トしたら、そのあと勝手に一時的にでも停止するのは、やってはいけないことです。

EAはバックテストを用いてその性能を評価し、それからフォワードテストで再度評価するものですから、「経済指標の発表に合わせて勝手に止める」ようなことをしてしまうと、バックテストとは異なるトレードになってしまいます。つまり、そのEAの性質がそのまま反映されない状況で運用することになります。もしEAを止める作業も含めてバックテストで検証しようと思うなら、プログラムでトレードを止めるようにEAを作れば良いわけです。手動で止めることは自動化という方向から外れてしまいます。

ある場面で停止するという設計がなされているEAを除けば、**私は勝手にEAを止めないことをお勧めします。もし手動で停止しないといけないEAなのであれば、それはEAとしての信頼度が低いと考えます。**

観察を止めてはいけない

EAが自動で行うトレードを眺めていると含み益に喜んだり、含み益があっても簡単に利益確定されずにヤキモキしたり、含み損に不安になったりと、トレーダーの心理は常に動かされることになります。

人間は不安になると、不安の原因そのものから目を逸らしたくなることがあります。不安は人間にとって不快ですから、不快なものと自分との接点をできるだけ減らそうとしてしまうのです。

実際、EAを稼働させているMT4やVPSを、まったく観察しなくなる人がいます。自動化しているのですから常に観察しないといけないわけではありませんが、ポジションを持っているかどうか、EAが正しい動きをしているかどうかなどについて1日に1～2回くらいは確認することが必要です。

EAやMT4、VPSなどは常に正常に稼働しているとは限りません。何らかのトラブルで稼働しなくなったり、異常な状態となったりしていることがまれにあります。観察することで異常に目を光らせ、異常が発見されれば再起動するなどしてリカバリする必要があります。

感情に走ってはいけない

EAによってトレードを自動化している場合には、一般的に心理的な負担は少ないです。自動化すれば基本的にトレーダーが自分で注文を入れる機会はなくなるわけですから、「どのタイミングでポジションを持とう？」「いつポジ

ションを決済しよう？」と構える必要がなくなります。

　もっとも、ポジションを持っている時には、常にその時点での損益が変化して含み益や含み損という形でトレーダーの目に入ってきますから、心理的な影響がまったくないことはあり得ません。

　トレードをEAによって自動化してしまえばトレーダーが損益に右往左往する必要はないはずなのに、人間の心は不思議なもので、「自動化したことで、自分で思った通りに利益確定できないように感じる」「自動化したことで、損切りが上手くできないように感じる」ことは頻繁に起こります。

　EAによるトレードはバックテストによって優位性がある程度担保されているはずなのに、トレーダーが裁量で利益確定したり損切りしたりしてしまうと、バックテストと同様のトレードルールで稼働していないことになってしまいます。これでは、**心理的な負担を減らすためにEAを採用していることと矛盾が生じてしまいます。**

　利益確定を早く行いたくなるのはプロスペクト理論でもいわれている通り人間の性質としてやむを得ないとはいえ、利益をしっかりと伸ばしていくことは長期的な成績を良くするために必須です。不安はトレーダーにとって危険なものです。私は、感情に任せた裁量での利益確定ではなく、EAに任せるのが正解と考えます。

今は「良い時代」。 トレード手法・トレードルールを ともに探究していきましょう

あとがき

　私がFXの自動売買に関わるようになってから10年以上になりますが、最初のころは、ほかの作成者が作ったEAを利用するのみでした。EAに関する書籍なども何冊か購入しましたが、EAのプログラミング言語であるMQL4の関数やソースコードについて解説されているもので、自分にとってはちんぷんかんぷんな内容といった印象で、私自身がEAをプログラミングすることなど想像できなかったものです。

　そのころと比較するとEAプログラミングを取り巻く現在の環境は非常に良くなっていると思います。EAを簡単に開発するためのツールが増え、EA作成ツールからソースコードを抜き出して、それを元にプログラムを改変したり勉強したりすることも難しいことではなくなりました。私などは、プロフェッショナルのエンジニアの方々に比べれば本当に拙いソースコードしか書けないわけですが、それでも、少なくともFXという限定された世界で動かせる自動売買プログラムを自分で開発できるというのは、とても「良い時代になったな」と感じます。

　さて、プロのエンジニアにとっても、私のような拙い「プログラマー」にとっても、結局のところFXで一番重要なことはやはり「トレード手法そのもの」であるといえます。「自動売買」をうたって配布されている世界中の多くのEAは、有償無償を問わず長期的には勝てないものが非常に多いのが現実です。

　こんなことをいうと、私が本書で提供した「bol-HLt」なら絶対に勝てるのか？　といわれそうですが、率直にいって何ともいえません。勝てる場合もあるし、勝てない場合もある、というのが正直なところです。それでも、私自身が「bol-HLt」を用いて実際に数千万円の資金を運用しています。その理由はやはり「bol-HLt」のトレード手法に自信があるからです。

長期的に勝てるトレード手法を突き詰めることは重要ですが、その過程において困難であるのは、時代や時期によっては、ある手法で勝てる場合もあれば、同じ手法で勝てない場合もあることです。つまり、トレード手法には完成形や最終形があるわけではなくて、常に私たちトレーダーは新たなトレード手法を開発し検証していく必要があるのです。世界中の無数のトレーダーが新たなトレード手法を開発しています。そして、皆さんもそのなかの1人として、きっと自分自身のトレード手法を開発することになるでしょう。

　今この瞬間も、私自身は新しいトレード手法・トレードルールを考えたり、既存のEAを少し改変するアイデアを思いついたりします。寝る直前にアイデアがひらめいたりすると、それが気になって眠れなくなってしまったり、夜中に目を覚ました時に突然トレードルールのアイデアが降ってきてEAのプログラミングにとりかかって朝を迎えてしまったりとか、時々やってしまいます。本書をお読みになって自動売買やEAに魅かれた方は、すぐにでもEAを稼働したくなったり、EAプログラミングをやりたくなったはずです。多くのトレーダーにとってワクワクしてしまう魅力が、自動売買やEAの世界にあると確信しています。

　最後に、このような特殊な分野の本を出版させていただく機会をくださった技術評論社に感謝を申し上げつつ筆をおかせていただきます。

2023年2月　Trader Miwa

著者紹介

Trader Miwa

FXトレーダー、不動産投資家、精神・心理のスペシャリスト。FX歴は約20年。

2003年ごろよりFXに興味を持つようになり、高金利通貨のスワップポイント狙いの手法からトレードをスタートした。

2009年以降は、収益不動産に対して積極的に投資を開始。アベノミクスによる良好な不動産市況と融資環境にも恵まれ、約30棟、20億円程度の不動産を取得し、現在においても物件取得や物件売却を継続している。

2013年からはFXのトレード手法の研究を再開したが、理想的なトレードルールを完成するには至らず、2016年ごろに伝説のトレーダー集団「タートルズ」のトレード手法を知るようになり、その手法を研究・改善し、現代の大衆心理に合わせた手法として確立した。また、そのトレード手法について、メタトレーダー4を利用した自動化に取り組み、EA（自動売買のプログラム）の作成も自分で行い、完成させた。

主なトレード手法は、英ポンド／円を中心とした順張りのスイングトレード。すべての売買を自動化し、現在は4,000万円以上の資金を運用している。レバレッジは運用資金に対して2 ～ 2.5倍程度で、年利10 ～ 15％をターゲットにした複利運用を行う。

Twitterにて情報発信中　@link_asset1

大衆心理FX
たいしゅうしんりえふえっくす
せいしん しんり
精神・心理のスペシャリストが突き詰めたFXトレードの結論
つ つ　　　　えふえっくす　　　　けつろん

2023年3月28日　初版　第1刷発行
2023年4月19日　初版　第2刷発行

著　者	Trader Miwa
発行者	片岡 巌
発行所	株式会社技術評論社
	東京都新宿区市谷左内町 21-13
	電話　03-3513-6150　販売促進部
	03-3513-6166　書籍編集部
印刷／製本	日経印刷株式会社

定価はカバーに表示してあります。

本書の一部または全部を著作権法の定める範囲を超え、無断で複写、複製、転載、テープ化、ファイルに落とすことを禁じます。

©2023　Trader Miwa

造本には細心の注意を払っておりますが、万一、乱丁（ページの乱れ）や落丁（ページの抜け）がございましたら、小社販売促進部までお送りください。送料小社負担にてお取り替えいたします。

ISBN978-4-297-13384-9 C2033
Printed in Japan

カバーデザイン................Art of NOISE　一瀬錠二
本文デザイン／レイアウト.....矢野のり子＋由比
　　　　　　　　　　　　　（島津デザイン事務所）
本文イラスト.................中山成子

お問い合わせについて

本書は情報の提供のみを目的としています。最終的な投資の意思決定は、ご自身の判断でなさるようお願いいたします。本書に記載されているサービスやソフトウェア、また特典としてダウンロードしたプログラム（bol-HLt）の実行などによって万一損害等が発生した場合でも、筆者および技術評論社は一切の責任を負いません。

本書の内容に関するご質問は弊社ウェブサイトの質問用フォームからお送りください。そのほか封書もしくはFAXでもお受けしております。

本書の内容を超えるものや、個別の投資コンサルティングに類するご質問にはお答えすることができません。あらかじめご承知おきください。

〒162-0846
東京都新宿区市谷左内町 21-13
（株）技術評論社　書籍編集部
『大衆心理FX』質問係
FAX　03-3513-6183
質問用フォーム
https://gihyo.jp/book/2023/978-4-297-13384-9

なお、訂正情報が確認された場合には、https://gihyo.jp/book/2023/978-4-297-13384-9/supportに掲載します。